夫の葬儀とその後《あと》事典

葬儀法要・墓と供養・遺産相続・税務
―しくみと手続きのすべて

弁護士
黒澤計男
社会保険労務士
溝口博敬
共著

法研

はじめに

職業柄、人の死亡に関する話題を口にしなければならない場面があります。当のご本人を目の前にして、「もしもあなたが亡くなったとすると、この遺産は……」などといった話題です。説明している側としてもさすがに心穏やかというわけではなく、「専門家としては正確に説明しておかなければなりません。そこであえてはっきりと申し上げるわけですが」、とひと呼吸おいてから聞いてもらっています。この本で取り上げた内容も気持ちの上ではそれに近いところがあります。

とはいえ、夫の死というそれだけでも動転してしまう出来事に加えて、葬儀をどのように執り行うか、相続をどのように処理するかなど、日常的には馴染みのない事柄に連続して対応しなければならない現実があります。目をそむけて済ますことのできる問題でないことはわかっていても、何をどうしたらよいのか、考えがまとまらない人がほとんどではないでしょうか。

このような読者を想定してできあがったのが本書です。心がけたのは「すぐに役立つこと」です。先に書きましたが、親族の死亡という、できれば避けたい話題を取り扱いますから、ともすれば抽象的なお話に終わりかねません。しかしそれでは目の前の課題に迫られて心細い思いをしている読者への手助けにはなりません。必要なのは、昨今の葬儀の段取りやその後に続く相続の手続き、そして税金の問題などについて、目の前の今すぐにでも対応しなければならない実務のために役立つ具体的な解説です。解説しているのはもちろんそれぞれの分野ごとの専門家です。

対応しなければならない様々な事柄が押し寄せてきますが、他方ではそれと同じスピードで人の死亡という事実も過去のものとなって行きます。本書で解説した事柄を乗り越えたなら、あとは夫の死という事実に冷静に向き合うことのできる時間がやって来るはずです。

その穏やかな時間へ上手に近づくために、本書が少しでもお役にたてるなら幸いです。

黒澤計男

もくじ

夫の葬儀とその後《あと》事典

第2章 喪主として夫の葬儀を執り行う

第3章 葬儀が終わってからの手続き

第4章 お墓の建て方と供養のしかた

第5章 夫の遺産を相続する

第6章 相続税はどのように納めるか？

第1章

夫の危篤と臨終のときにすること

危篤を告げられたら手配すること

本人と関係の深い人に連絡する

医師から危篤《きとく》を告げられたら、最期《さいご》の別れをしてほしい親族や関係者に連絡をとります。配偶者は動揺も大きく、本人に付き添っていたほうがよい場合も多いので、できれば子どもや兄弟姉妹などに連絡役を頼みましょう。連絡が重複したり大切な相手に知らせそこねたりするのを避けるため、連絡役をふたり以上で分担する場合は、だれがどこに知らせるのか、事前に決めておくことが大切です。

危篤を知らせる相手は、親族なら3親等までをめやすにするのが一般的。ただし、疎遠だったり遠方に住んでいたりする相手には、この時点で連絡しなくても構いません。一方、本人の親や子ども、兄弟姉妹には、日ごろの関係や住んでいる場所にかかわらず、必ず知らせます。親族以外では、とくに親しい友人や勤務先の上司など、関係の深い人だけに連絡します。

危篤の連絡は電話で行う

危篤の知らせは一刻を争うものなので、連絡は電話で行います。深夜や早朝であっても、お詫びのことばを添えれば失礼にはあたりません。自分の名前と危篤の人との関係、現在の所在地、連絡先などをメモにして、もれのないように簡潔に伝えます。病状等を聞かれても長電話は避け、相手が来るかどうかは確認しないのがマナーです。

危篤を知らせる親族のめやす

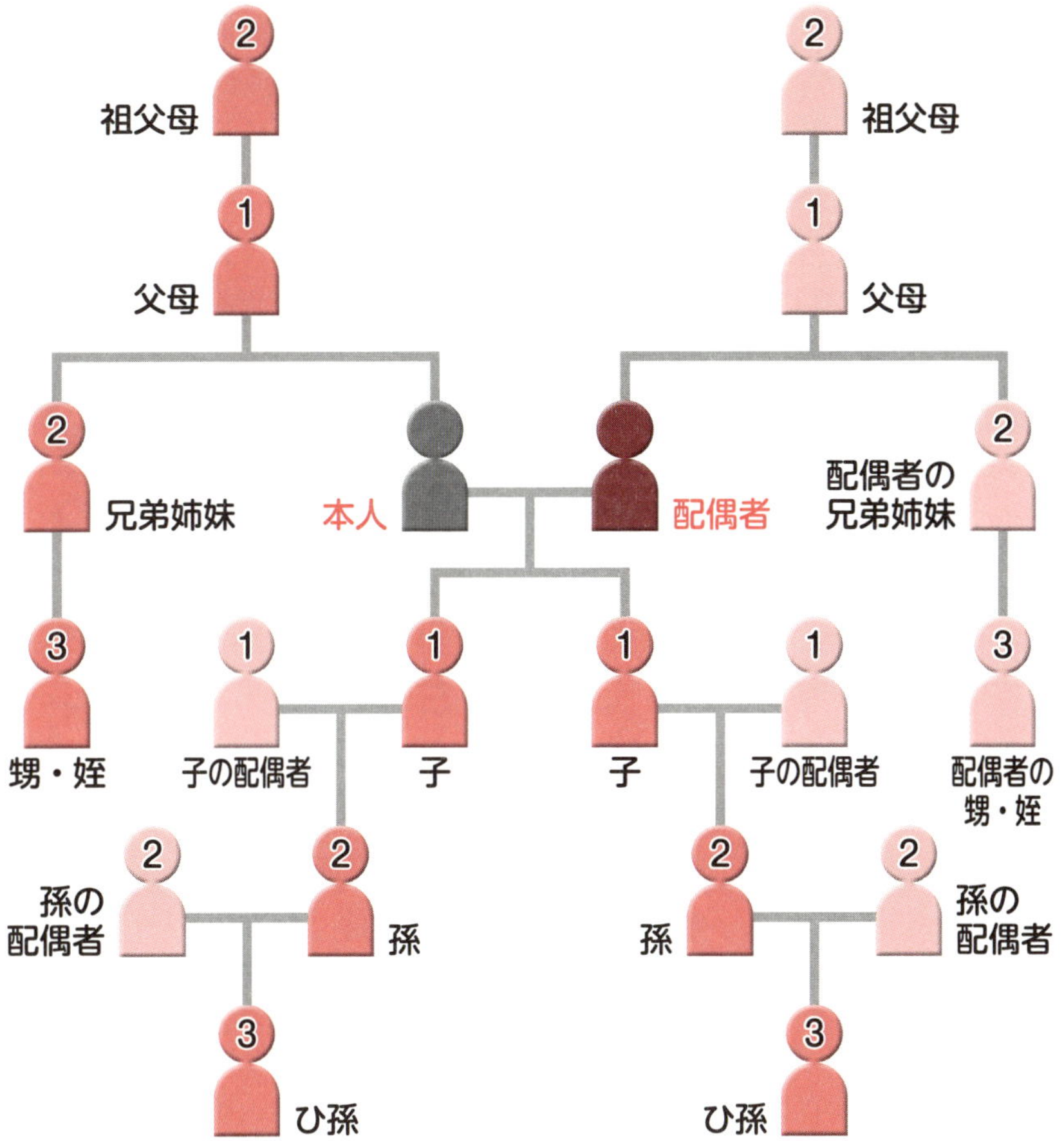

※図中の数字は親等数
※疎遠な人、遠方に住んでいる人など、危篤を知らされることがかえって負担になりそうな相手には連絡しなくてよい

連絡の方法

- 時間にかかわらず、電話で連絡してよい
- 不在などで連絡がとれない場合のみ、メールやファクスを利用する
- 要点だけを簡潔に伝え、長電話は避ける
- 相手が来るかどうかは確認しない

意識があるうちにしておくべきこと

本人に遺言の意志がある場合

遺産分割の方法やそれぞれの相続分については、遺言書を残すことで本人の考えを反映することができます。遺言書には公証人に作成してもらう「**公正証書**」や、本人が自分で書く「**自筆証書**」などがあり、どちらの場合も本人の署名・捺印が必要です。ただし、遺言書を作成していない人が危篤に際して遺言の意志を示した場合は、署名・捺印の必要がない「**死亡危急者遺言**」が可能です。死亡危急者遺言を成立させるためには、本人の意識がはっきりしていることと、遺産相続とは関係ない3人以上の証人に立ち会ってもらう必要があります。証人のひとりが遺言者の言ったことを書きとめ、証人全員が内容を確認して署名・捺印します。遺言書は戸籍謄本や遺言書の写しなどを揃えて、遺言の日から20日以内に家庭裁判所に「遺言の確認審判」の申立てを行います。

キリスト教信者なら聖職者を呼ぶ

本人がキリスト教信者の場合、危篤を告げられたらすぐに、所属する教会にも連絡します。そして聖職者に来てもらい、カトリックなら神父による「終油《しゅうゆ》の秘跡《ひせき》」、プロテスタントなら牧師による「聖餐式《せいさんしき》」を行います。キリスト教徒にとっては、安らかに天国に召されるための重要な儀式であり、本人の意識があるうちに行うことが大切です。

死亡危急者遺言の行い方

条件
①本人の意識がはっきりしている
②遺産相続と関係のない証人が3人以上立ち会う

遺言書の作り方

①遺言者は、遺言の内容を口頭で述べる

↓

②証人のひとりが遺言の内容を書きとめる

↓

③書きとめられた内容を証人全員が確認する

↓

④証人全員が署名・捺印する

↓

⑤必要書類を用意する

遺言者、証人全員、申立人の戸籍謄本、遺言書の写し、医師の診断書（遺言者が生存中の場合のみ）などを添付する

↓ 遺言書作成から20日以内

⑥家庭裁判所に「遺言の確認審判」を申し立てる

➡証人のひとり、または利害関係人（遺族など）のひとりが申立てを行うことができる

↓

⑦家庭裁判所による遺言の確認

↓

⑧遺言書が効力をもつ

ただし、普通の方式によって遺言ができるようになって、6カ月間生存するときは無効になる

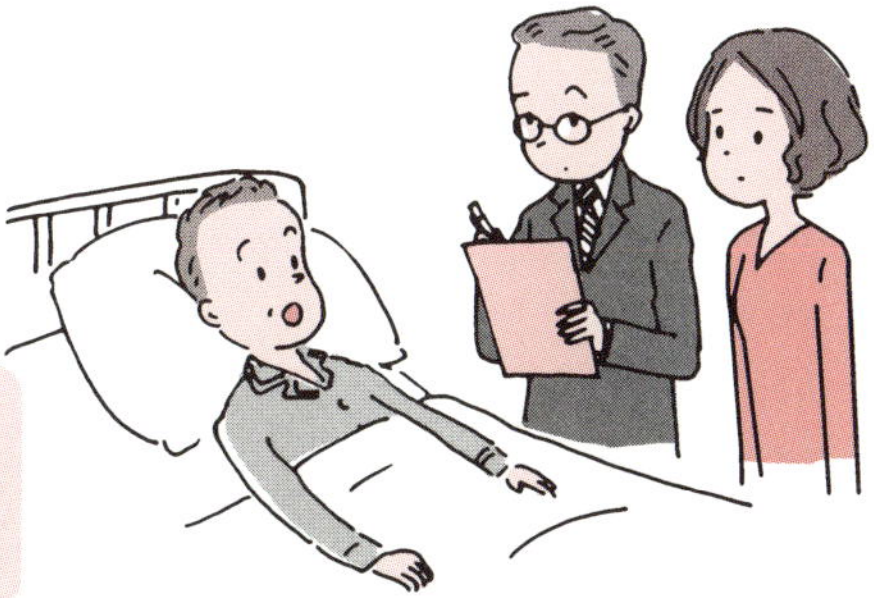

すぐに必要な現金を用意する

夫名義の預貯金の引き出しは生前に

夫が亡くなると、その時点で夫の財産はすべて「**遺産**」となります。相続の対象となる遺産は、勝手に処分したり使ったりすることができません。そのため、正式な遺産分割が終わるまでは、配偶者であっても故人名義の預貯金を引き出すことはできなくなります。金融機関によっては、相続人全員の同意書などがあれば一定額の引き出しに応じてくれる場合もありますが、同意書の作成などには時間と手間がかかります。葬儀などの費用に故人の預貯金をあてる場合は、必要な金額を前もって引き出しておくのが現実的です。相続にまつわるトラブルを防ぐため、自分以外の相続人にも、何のためにいくら引き出すのか、伝えておくようにしましょう。

葬儀費用などは余裕をもって準備を

手元に用意しておきたいのは、葬儀が終わるまでに必要となるお金です。病院への治療費・入院費はもちろん、僧侶や神官、教会へのお布施やお礼、葬儀社への支払いなども必要。通夜や葬儀の際は、関係者への心づけや交通費、世話人へのお礼として、ある程度の現金も必要です。葬儀社への支払いは、葬儀の規模や内容によって大きく異なります。葬儀にかかるおおよその金額（56ページ～参照）を踏まえたうえで、ある程度余裕をもってお金を用意しておきましょう。

預貯金の名義人が亡くなった場合

死去

↓

銀行への連絡

↓

故人名義の口座が凍結され、
お金の出し入れができなくなる

↓

金融機関に相談すると、葬儀費用等の
引き出しは可能な場合もある

× 時間と手間がかかる

引き出す際に必要なものの例

- 故人の預金通帳
- 故人の口座の届出印
- 故人の戸籍謄本
- 相続人全員の戸籍謄本
- 相続人全員の同意書、印鑑証明　など

○ 銀行に連絡する前に、必要なお金を引き出しておくとよい

注意！

相続のトラブルを防ぐために

- 預貯金を引き出す際は、自分以外の相続人にも用途や金額を伝える
- 故人の財産から支払ったものについては、領収書などをきちんと保管しておく

臨終を迎えたら

立ち会った人が末期の水をとる

臨終《りんじゅう》を告げられたら、立ち会っている人が「**末期《まつご》の水**」をとります。末期の水とは、「亡くなった人が渇きに苦しまないように」という願いを込めて行う仏教の儀式で、水を含ませた脱脂綿などで故人の唇を湿らせます。故人と縁が深い人から、配偶者↓子ども↓故人の両親↓故人の兄弟姉妹↓子どもの配偶者↓孫↓友人のような順序でひとりずつ行い、全員が終わるまで静かに見守ります。病院で亡くなった場合、看護師が必要なものを準備してくれますが、自宅や安置所などに搬送してから行うことも多いようです。

遺体を清め身支度を整える

末期の水をとり終えると、遺体をアルコールなどで拭き清める「**清拭《せいしき》**」が行われます。病院では看護師が行いますが、自宅で亡くなった場合は葬儀社のスタッフに頼むこともできます。清拭を終えたら衣服を替え、「**死《し》化粧《げしょう》**」を施します。着替え用の衣服は遺族が用意します。浴衣のほか、故人が好んでいたものでも構いません。着替えや死化粧も看護師または葬儀社のスタッフが行いますが、申し出れば遺族が立ち会ったり、作業の一部を手伝ったりすることも可能です。清拭や着替えといった遺体の処置を病院で行った場合、治療費や入院費とは別に費用がかかるのが一般的です。

臨終を迎えたら行うこと

①末期の水をとる

故人と縁の深かった人から順に行う

自宅や安置所で行うこともある

②清拭

病院で亡くなった場合は看護師が行う。自宅で亡くなった場合は遺族または葬儀社のスタッフが行う

・アルコールで遺体を拭き清める
・目や口が開いていた場合は閉じる
・口、耳、鼻、肛門などに脱脂綿を詰める

③着替え

看護師または葬儀社のスタッフが行う。着替え用の衣服は遺族が用意する

・亡くなったときに着ていたものを別の衣服に替える
・浴衣のほか、故人らしい服装でもよい

④死化粧

看護師や葬儀社のスタッフが行う

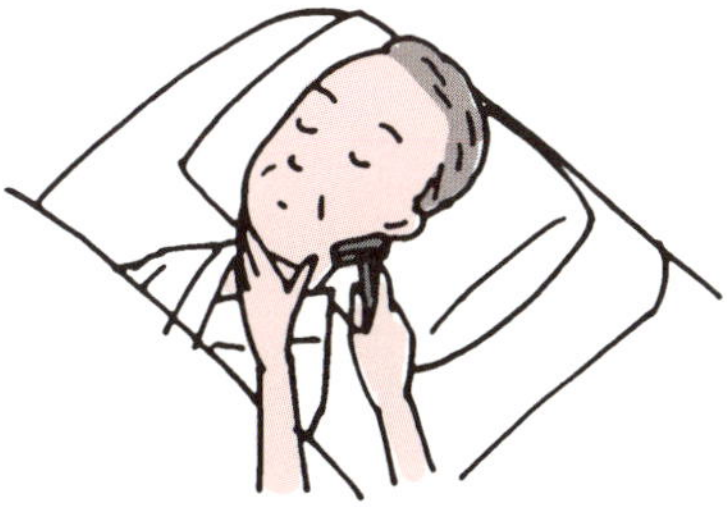

・髪を整え、爪が伸びている場合は切る
・ほおがこけている場合はふくみ綿（口に脱脂綿を入れる）を入れてふっくらとさせる
・男性はひげをそる
・女性はおしろい、頬紅、口紅などで薄化粧する

※地域によっては刃物を使うのを嫌ったり、死化粧を行わなかったりする場合もある

夫が臨終を迎えたら

退院の手続きと遺体の搬送

医師による死亡の確認と死亡診断書の作成

亡くなった場所から遺体を動かすためには、医師による死亡診断書が必要です。病院で亡くなった場合は死因が明らかであることがほとんどなので、すぐに作成してもらえます。自宅などで医師の立ち会いなしに亡くなった場合は、かかりつけの医師に連絡し、死亡の確認と診断書の作成を依頼します。ただし、事故や自殺、犯罪などにかかわる変死の疑いがあると、医師は死亡診断書を書くことができません。そういった場合は警察に連絡し、検視をしてもらう必要があります。

搬送の手配と退院の準備をする

病院で亡くなった場合、遺体はいったん霊安室に安置されます。遺族は葬儀社に連絡して搬送の手配をしますが、依頼先が決まっていない場合は病院で紹介してもらうことができます。紹介された葬儀社に葬儀を依頼せず、搬送だけを頼む場合は、当日、現金で費用を支払います。搬送の手配を済ませたら、病室の私物をまとめ、必要な支払いをし、死亡診断書を受け取ります。治療費や入院費といった費用以外に、病院や医師へのお礼は不要です。現金でのお礼は受け取らないのが普通ですが、医師や看護師に感謝の気持ちを伝えたい場合は、葬儀などを終えたあと、ナースステーションに菓子などを届けるとよいでしょう。

臨終から退院まで

病院で亡くなった場合

①担当医から死因の説明を受ける

気になることや確認しておきたいことがあれば、きちんと説明を求める

↓

②遺体が霊安室に安置される

遺族や担当医、看護師などで故人を供養する

↓

③搬送の車を手配する

葬儀を依頼する葬儀社が決まっていれば、その会社に連絡する。葬儀社が決まっていない場合は、病院で紹介してもらう

紹介してもらった葬儀社に葬儀まで頼んでも、搬送だけを頼んでもよい

↓

④退院の準備をする

病室の私物をまとめ、病院への支払いを済ませる。死亡診断書を受け取る

自宅で亡くなったとき

死亡診断書の作成を依頼する

臨終に立ち会った医師がいればその医師に依頼する。医師の立ち会いなしに亡くなった場合は、かかりつけの医師などに死亡の確認と死亡診断書の作成を依頼する。かかりつけ医のいない場合は、近所の医院などに依頼する。ただし、事故死や変死の場合は警察に連絡し、監察医による検視が必要

注意！

- **死亡診断書がないと、遺体を動かすことができない**
- **事故死や変死の可能性がある場合は、警察による検視が必要**

遺体の安置と納棺

北枕で安置し枕飾りを供える

通夜や葬儀までの間、遺体は自宅または葬儀社の霊安室などに安置されます。最近は、病院から直接葬儀社に搬送することもあります。遺体は頭を北もしくは西に向けて安置し、胸の上で組んだ両手に数珠をかけて顔は白布で覆います。上下を逆にして掛布団をかけ、その上に「**守《まも》り刀《がたな》**」として刃物を置きます（浄土真宗では不要）。葬儀までに時間がかかる場合などにはドライアイスを入れますが、このような処置は葬儀社のスタッフが行ってくれます。遺体の枕元には、「**枕飾《まくらかざ》り**」と呼ばれる供えものをします。飾るものや並べ方は宗教によって異なりますが、適切なものを葬儀社が用意してくれる場合がほとんどです。

遺体とともに納棺するものに注意

通夜の前に遺体の服装を整え、納棺を行います。仏式の場合、経帷子《きょうかたびら》などの「**死装束《しにしょうぞく》**」を着せるのが正式ですが、現在では着替えをさせず、衣服の上から紙製の経帷子をかけることも多くなっています。また、浄土真宗では、死装束は不要とされています。服装を整え終えたら、数人で遺体を持ち上げ、棺《ひつぎ》に納めます。棺の中に故人の愛用の品などを入れることもできますが、環境汚染につながるものなどは納棺することができません。入れてよいかどうか迷った場合は、葬儀社に相談しましょう。

死装束の例

着替えや納棺は葬儀社のスタッフに任せることもできるが、できるだけ遺族が手伝うとよい

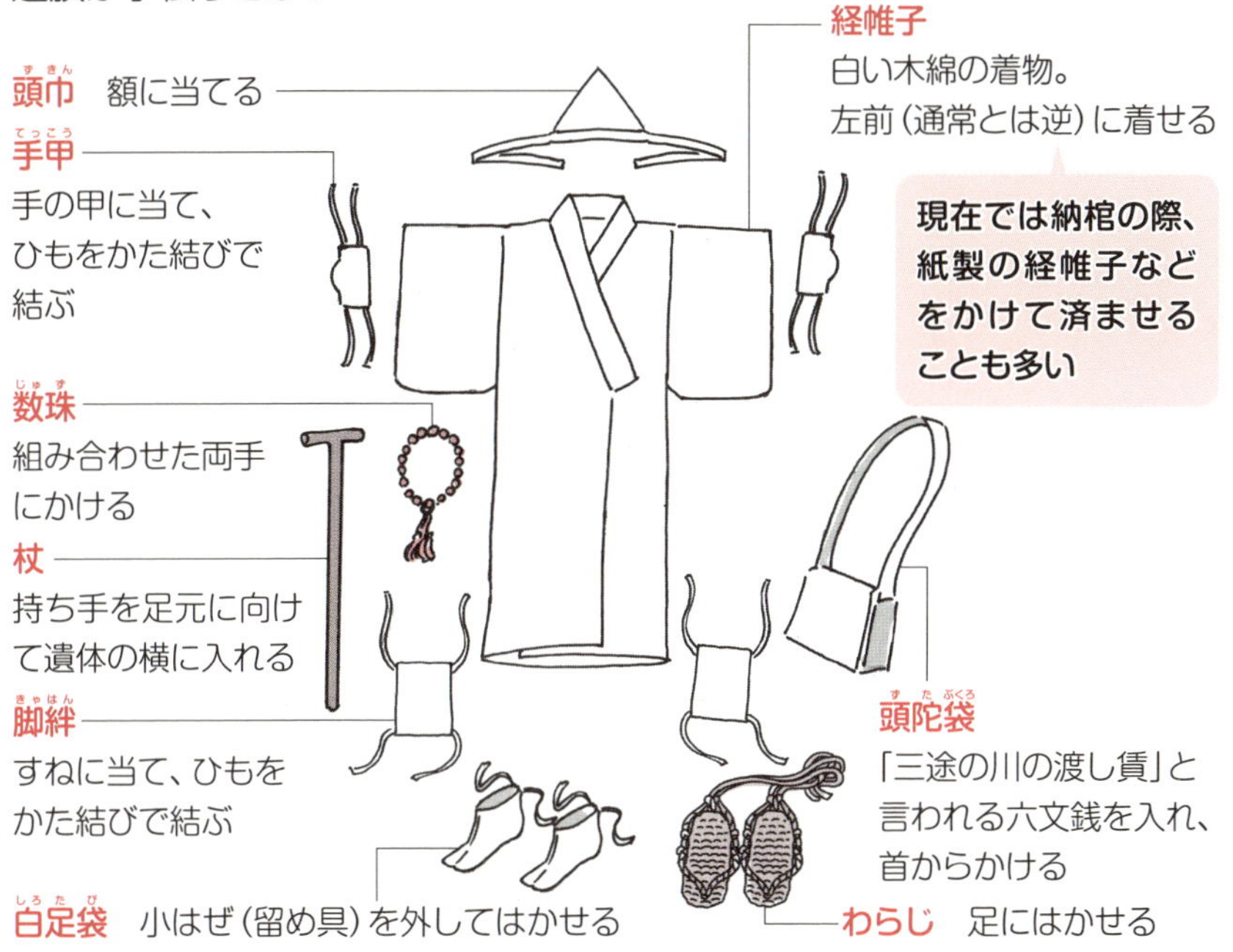
頭巾《ずきん》　額に当てる
手甲《てっこう》
手の甲に当て、ひもをかた結びで結ぶ
数珠《じゅず》
組み合わせた両手にかける
杖
持ち手を足元に向けて遺体の横に入れる
脚絆《きゃはん》
すねに当て、ひもをかた結びで結ぶ
白足袋《しろたび》　小はぜ（留め具）を外してはかせる
経帷子
白い木綿の着物。
左前（通常とは逆）に着せる
現在では納棺の際、紙製の経帷子などをかけて済ませることも多い
頭陀袋《ずだぶくろ》
「三途の川の渡し賃」と言われる六文銭を入れ、首からかける
わらじ　足にはかせる

※浄土真宗では死装束を用いず、浴衣を着せることが多い
※神式、キリスト教式では、納棺の際の衣服に決まりはない

棺に入れてはいけないものの例

燃えないものや燃えにくいもの、爆発の危険があるものなどは、棺に入れることができない

ガラス製品、プラスチック製品、ゴム製品、ペットボトルなど	高温で溶け、お骨に付着することがある
厚い本、厚い布団、そばがらやプラスチック入りの枕、靴などの革製品など	燃えにくい、または燃えないため、火葬に時間がかかったりお骨を傷めたりすることがある
金属製品、陶磁器、缶・ビン、ゴルフクラブ、釣竿など	
スプレー缶、ライター、密封されている缶やビン	高温で爆発する可能性がある

関係者への死去の連絡

故人と関係の深かった人にはすぐに知らせる

臨終を告げられたら、親族や知人に死去を知らせます。最初に連絡するのは「すぐに来てほしい人」。親族やとくに親しかった友人、または勤務先の上司など、危篤を知らせた相手（10ページ参照）をめやすにします。前もって危篤の連絡を受けていた人は、容体を気にかけているはずです。また、故人と関係の深かった人は、通夜や葬儀の前に弔問に訪れたり、葬儀などの準備の手伝いを申し出てくれたりすることもあるので、できるだけ早く知らせるようにします。すぐに来てほしい人への連絡は、原則として電話で行います。危篤の知らせの場合と同様、深夜や早朝にかけてもマナー違反にはなりません。

その他の関係者には葬儀の通知を兼ねて伝える

その他の友人・知人には、通夜や葬儀の日程や場所が決まってから連絡します。遺族がすべての人に連絡するのは大変なので、「勤務先」「学生時代の友人」「趣味の仲間」などの代表者に知らせ、ほかの人への連絡を頼むとよいでしょう。連絡もれや重複がないよう、まず確実に知らせたい人と伝えることのリストを作り、それを見ながら連絡するとよいでしょう。代表者への連絡も、電話で行うのが確実。ただし、急を要するわけではないので、常識的な時間にかけるようにします。

死去の連絡のしかた

すぐに知らせる人

➡通夜・葬儀の前に弔問を望む可能性がある人（危篤の連絡をした人）

①3親等以内の親族（11ページ参照）
②とくに親しい友人
③勤務先の上司　など

連絡は電話で。
お詫びのことばを添えれば、
深夜や早朝にかけても構わない

通夜や葬儀の日程が決まってから知らせる人

➡通夜または葬儀に来てほしい友人・知人

仕事関係、学生時代の友人など、つき合いのあった人たちの代表者に連絡し、身近な人への連絡を頼む

連絡は原則として電話で。
常識的な時間にかける

〈伝えること〉
・故人と自分の関係
・故人が亡くなった日時
・通夜、葬儀の日程と場所、開始時刻　など

※式場、日程、時間などの訃報紙（ファクス原稿など）は葬儀社が作成してくれる

献体や臓器提供を希望していた場合

臓器提供の意思は心停止前に医師に伝える

故人が生前に臓器提供を望んでいた場合、早い段階で医師に申し出ることが大切です。臓器をよい状態で提供するためには、心停止の前から準備をしておく必要があるからです。臓器の摘出は、心停止後または脳死の状態で行われます。心停止後に行われる場合、臨終を告げられてから手術室へ移送されます。摘出手術のあと、傷口を縫合し、体を清めてから安置されます。臓器提供の意思は、家族に伝えている場合のほか、健康保険証や運転免許証の「意思表示欄」への記載、「**臓器提供意思表示カード**（またはシール）」を持っていることなどで確認されます。

献体には生前の登録が必要

献体とは、医学のために遺体を病院に提供することです。献体を希望する人は、生前に献体登録をする必要があります。献体登録には、配偶者、親、子ども、兄弟姉妹などの同意が必要で、ひとりでも反対者がいた場合は認められません。そのため、故人の献体の意思は、遺族も了承ずみのはずです。亡くなったあと、医師に「献体登録証」を示し、登録団体にも連絡しましょう。献体する場合、葬儀を終えたあと、火葬場ではなく病院へ搬送します。遺体は火葬されて遺族の元に戻ってきますが、遺骨が返還されるまでに1～3年ほどかかることが多いようです。

献体するためには

①献体の申し込み

本人が大学または団体に献体を申し込む

↓

②親族の同意を得る

同居・別居を問わず、配偶者、親、子ども、兄弟姉妹などの同意が必要（同意を得る範囲は団体などによって異なる）

ひとりでも反対する人がいた場合は登録することができない

↓

③献体登録申込書を提出

親族の同意を証明する署名・捺印などを含めて必要事項を記入し、提出する

↓

④献体登録証が送られてくる

献体先、亡くなったときの連絡先なども書かれているので、常に携行する

臨終を告げられたら、できるだけ早く献体登録証を示して献体の意思を伝える

臓器提供ができるのは

①下記のように書面で意思表示をしている

＋

②家族が承諾している

（臓器提供の意思表示がなくても家族が承諾すればできる）

臓器提供意思表示カード

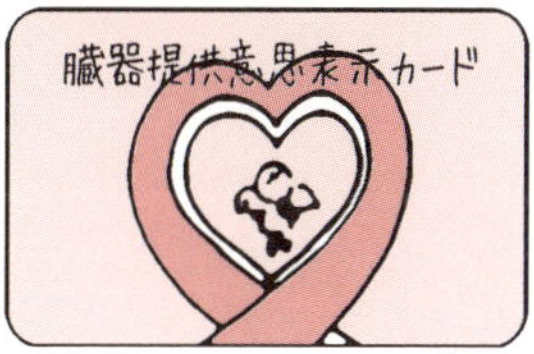

裏面に必要事項を記入する

運転免許証

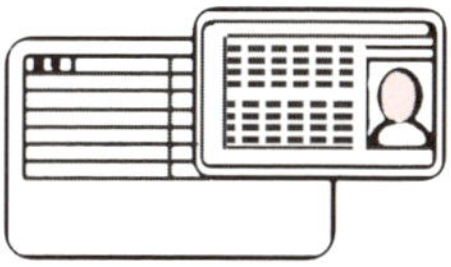

健康保険証

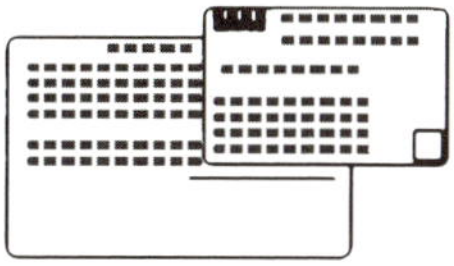

裏面の「意思表示欄」に臓器提供を希望する記載がある

臓器提供意思表示シール

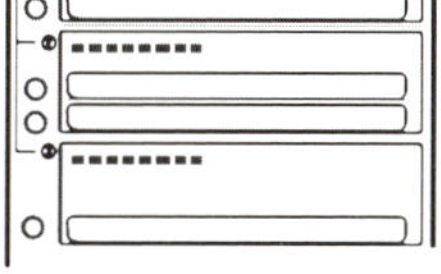

健康保険証や運転免許証に意思表示欄がない場合に使用する

C O L U M N

尊厳死を望む場合は?

不治の状態で死期が迫っていると診断されたとき、いたずらに延命を望まず、人間らしく自然な死を迎えたいと望むのが「尊厳死」です。

尊厳ある死を望む場合は、家族にその意志を伝え「宣言書(リビング・ウィル)」を作成します。宣言書は、あらかじめ署名・捺印したものを一般社団法人日本尊厳死協会に登録しておきます。協会からは原本証明書付きの宣言書のコピーが2通返送されてくるので、1通は本人、1通は家族などが保管し、必要なときに医師に提示します。

また、日本では尊厳死の宣言について法的な効力はありませんが、多くの医師が尊厳死の趣旨を理解し受容協力医師として協力を表明しています。

尊厳死の宣言書
(リビング・ウィル　Living Will)

①私の傷病が、現代の医学では不治の状態であり、既に死が迫っていると診断された場合には、ただ単に死期を引き延ばすためだけの延命措置はお断りいたします。

②ただしこの場合、私の苦痛を和らげるためには、麻薬などの適切な使用により十分な緩和医療を行ってください。

③私が回復不能な遷延性意識障害(持続的植物状態)に陥った時は生命維持措置を取りやめてください。

以上、私の宣言による要望を忠実に果たしてくださった方々に深く感謝申し上げるとともに、その方々が私の要望に従ってくださった行為一切の責任は私自身にあることを附記いたします。

年　　月　　日

■尊厳死について　一般社団法人日本尊厳死協会　☎03-3818-6563

第2章

喪主として夫の葬儀を執り行う

死亡届を提出する

死亡届を出さないと火葬の許可が下りない

遺族は、故人が亡くなってから7日以内（海外で亡くなった場合は死亡を知ってから3カ月以内）に死亡届を提出しなければなりません。届出先は、故人の本籍地、届出人の住所地、または故人が亡くなった場所を管轄する市区町村の戸籍係です。休日曜日や時間にかかわらず、休日や早朝、深夜でも受け付けてもらえます。医師から渡される死亡診断書は、書類の半分が死亡届になっているので、届出人が必要事項を書き込んで署名捺印します。死亡届、死亡診断書に加えて**「死体火葬許可証交付申請書」**などの書類が必要なこともあります。市区町村役場への提出は第三者が代行することができるので、遺族から死亡届を預かり、葬儀社が届出を行うことも多いようです。

火葬後に返却された書類は埋葬の際に必要

死亡届を提出すると、その場で**「死体火葬許可証」**が交付されます。この書類がないと遺体を火葬することができないため、届出は必ず葬儀の前に行わなければなりません。死体火葬許可証は火葬の際、火葬場に提出します。火葬を終えたあと、日時を記入し、押印したものが遺族に返却され、これが**「埋葬許可証」**となります。埋葬許可証は、納骨の際、墓地の管理者に提出する必要があるので、きちんと保管しておきましょう。

亡くなってから埋葬までの手続き

①死亡診断書を受け取る

死亡を確認した医師から、死亡診断書を受け取る

死亡診断書と死亡届は1枚の書類になっている

②死亡届に記入する

届出人が死亡届に必要事項を記入し、署名捺印する

死亡届とともに、死体火葬許可証交付申請書などの書類が必要なこともある

③死亡届、死亡診断書を提出する

以下のいずれかの市区町村役場（戸籍係）に提出する

・故人の本籍地
・届出人の住所地（住民票のあるところ）
・故人が亡くなったところ

届出人になれる人

・同居の家族
・家族以外の同居人
・故人が亡くなった場所の管理者（地主、家主、家屋の管理人）、病院長
・同居していない親族
・後見人、保佐人、補助人、任意後見人

④死体火葬許可証の交付

必要書類が受理されると、その場で交付される

⑤死体火葬許可証の提出

火葬の際、火葬場に提出する

⑥埋葬許可証の受け取り

死体火葬許可証に、火葬場で日付を記入し、押印したものが埋葬許可証となる

埋葬許可証は5年間の保存義務があり、再発行はできないので注意が必要

⑦埋葬許可証の提出

納骨の際、墓地の管理者に提出する

喪主の決定と遺影の準備

葬儀の主催者となる喪主を決める

遺族の代表として通夜・葬儀を執り行うのが「喪《も》主《しゅ》」です。故人ともっとも関係の深い人が務め、夫婦のどちらかが亡くなった場合は配偶者が喪主となるのが一般的です。ひとりで喪主を務めるのが難しい場合などは、子どもなどと共同で喪主となることもできます。

喪主に対して、葬儀費用を負担し、運営の責任を負うのが「施《せ》主《しゅ》」です。現在では喪主が施主を兼ねることがほとんどですが、喪主が高齢だった場合などには、喪主とは別に施主を選ぶこともあります。

遺影は故人らしいものを選ぶ

遺影は、故人の人柄などが現れているものを選びます。証明写真のような堅苦しいものより、明るく自然な表情のものがよいでしょう。写真の加工技術が進んでいるので、背景やいっしょに写っている他人の姿を消したり、服装をかえたりすることも可能です。デジタルデータや、ネガフィルム、プリントなどから作成することができますが、大きく引き伸ばすため、故人の顔にピントが合っていることが大切です。最近ではカラーの遺影が一般的で、胸から上のアップのほか、背景の風景を生かした全身のカットなどを選ぶ人もいます。故人の思い出として残る写真なので、よりよい１枚を選びましょう。

喪主の選び方

喪主

遺族を代表して葬儀の主催者となる。故人と関係の深かった人が務めるのが一般的

夫婦のどちらかが亡くなった場合

①配偶者

→病気や高齢など、喪主を務められない事情がある場合

↓

②子ども

→子どもが複数の場合、長男が務めることが多いが、だれが務めてもよい。結婚して姓がかわった娘が喪主になることもある

喪主が施主を兼ねることが多い

施主

葬儀費用を負担し、運営の責任を負う

遺影を選ぶポイント

デジタルデータ、ネガフィルム、プリントなどから作成する

服装をかえることも可能

故人の顔にピントが合っている

故人の人柄などが伝わる自然な表情

背景やいっしょに写っている人は消すことができる

注意!

- **古いデジタルカメラで撮影したデータは画素数が少なく、ぼやけてしまうことがある**
- **プリントしたものの場合、「絹目」の写真はきれいに仕上がらないことが多い**
- **生前に故人が遺影を選んでいる場合もあるので、遺品を確認する**

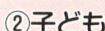

通夜の前までに決めておくこと

さまざまな準備には遺族の判断が必要

仏式の場合、遺族がひと晩故人を見守るならわしがあります。最近は泊まることができない式場が主流ですが、宿泊可能な場合は、事前に人数を把握して葬儀社に伝えておきましょう。

また、通夜・葬儀の際の遺族の席次も決めておきましょう。喪主は故人にもっとも近い席に着席し、遺族・親族以外は席を指定しないのが普通です。

供花《きょうか》や供物は、会社関係や親戚など、故人との血縁やかかわりが深かった人・団体から供えられたものを上座（棺に近く、高いところ）に配置します。実際の配置は葬儀社のスタッフが行いますが、故人との関係などについては遺族が説明しましょう。

このほか、通夜ぶるまいを準備する都合もあるので、弔問客の人数についても、おおまかな予想を伝えておきます。葬儀のあとの精進落《しょうじんお》としについては、通夜を終えたあとに数を決めれば間に合います。

弔辞を頼む場合は故人の仕事関係者に

最近では少なくなりましたが、葬儀の際、遺族以外の人に「弔辞《ちょうじ》」を読んでもらうことがあります。弔辞は故人と関係が深かった人に依頼します。親しかった友人などに頼んでもよいのですが、故人が現役世代だった場合、故人が勤務していた会社の上司や所属していた団体の代表者などに頼むのが一般的です。

通夜の前までに決めておくこと・準備すること

通夜・葬儀の日程

・葬儀の日程や場所、形式などを決める（46ページ参照）

喪主・施主

・喪主、施主をだれにするか（30ページ参照）

通夜・葬儀の会場設営や進行に関すること

・世話役を依頼する（34ページ参照）
・供物や供花の配置を決める
・通夜ぶるまいの量を決める
・返礼品や会葬礼状を発注する
・当日に渡すお礼や心づけを用意する

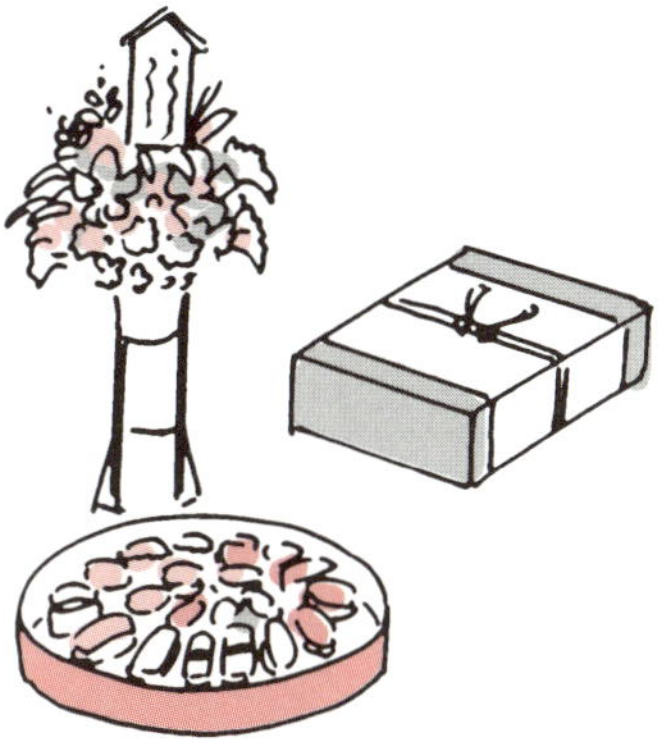

通夜ぶるまいは弔問客の数より少なめに用意するのが普通。注文先（葬儀社や仕出し料理店）などに予想される弔問客の人数を伝えて相談するとよい

参列者に関すること

・通夜のあと、式場に宿泊する人数を把握する
・遺族や親族の席次を決める

式場によっては、宿泊できない場合もある

故人に関すること

・戒名について打ち合わせをする（60ページ参照）
・遺影を選ぶ（30ページ参照）

喪主と家族の役割

世話役を依頼する

喪主や遺族にかわって実務を担当する

通夜・葬儀の際、喪主や遺族は弔問客への対応で忙しくなります。そのため、当事者にかわってさまざまな実務を引き受ける「**世話役**」を立てることが多くなっています。世話役は、故人の勤務先の人や友人、親戚、近所の人などに頼むのが一般的。

現役世代の人が亡くなった場合、故人の会社の関係者が手伝いを申し出てくれることも多いでしょう。ただし最近では、専用の葬儀場で通夜・葬儀を行う人が増えています。その場合、金銭を扱う係以外は葬儀社のスタッフが引き受けてくれるので、どのような係が何人ぐらい必要か、葬儀社と打ち合わせをしたうえで依頼するとよいでしょう。

信頼できる人に世話役代表になってもらう

世話役の役割はさまざまで、葬儀の規模や内容によって必要な人数もかわってきます（35ページ参照）。世話役を依頼したら、世話役の中心となる「**世話役代表**」も決めておきます。世話役代表には、遺族と葬儀社との打ち合わせにも同席してもらい、遺族の意向などをふまえたうえで世話役をまとめてもらいます。

世話役代表には実務をとり仕切る手際のよさだけでなく、遺族や弔問客への細やかな心配りも求められます。日ごろから故人や遺族とある程度の交流があり、社会経験も豊かな人に依頼するとよいでしょう。

主な世話役の種類と役割

役割	仕事の内容
会計係	香典の管理をはじめ、葬儀にかかわる出納のすべてを担当する。現金を管理するので、親族に依頼するとよい
受付係	弔問客を出迎えて記帳してもらい、香典を預かる
返礼品係	弔問客に返礼品や会葬礼状を渡す
進行係	通夜・葬儀の進行を担当する
携帯品係	コートや手荷物などを預かり、管理する
接待係	弔問客や僧侶をもてなす
道案内係	最寄り駅で会場の場所を案内したり、地図や矢印を貼ったりする
駐車場係	車で来場した弔問客を駐車スペースに案内する
会場係	会場内での弔問客の案内を担当する
世話役代表	世話役の仕事を調整し、各係をまとめる

※世話役代表を決めず、葬儀社のスタッフにまとめ役を依頼することもある

喪主の役割

進行などの実務にはかかわらなくてよい

通夜・葬儀当日の喪主の役割は、故人にかわって弔問を受けることです。弔問客のもてなしや進行にまつわる実務などは世話役（34ページ参照）に任せます。

会場に着いたら、葬儀社のスタッフや世話役と、席次や進行などを確認。葬儀の当日には弔電に目を通して差出人と内容をチェックし、読み上げるものを選びます。僧侶は弔問客より早めに到着しますが、出迎えやお茶の準備などは世話役に頼んで構いません。喪主は、僧侶が着替えなどの準備をすべて終えたところであいさつをします。

故人にかわって弔問を受けるのが仕事

喪主は受付が始まる前には祭壇の前に座り、弔問を受けましょう。このときに大切なのは、すべての弔問客に平等な態度で接すること。相手が目上の人であっても、座ったままで構いません。

お悔やみのことばに対しては、「ごていねいに、恐れ入ります」などと短く答えます。焼香のとき、弔問客は遺族に向かって一礼しますが、そのときは軽くおじぎを返しましょう。出棺の前や精進落としの席でのあいさつは喪主が行うことがほとんどですが（82、84ページ参照）、その他の遺族が行っても構いません。

通夜・葬儀が終わると僧侶や弔問客が帰っていきますが、会場での見送りも、喪主ではなく世話役が行います。

喪主の主な仕事

①会場で弔問を受ける

弔問を受ける際のマナー

- 相手が目上の人であっても座ったままでよい
- 相手が親しい人であっても長話はしない
- お悔やみのことばに対しては短く答える
- すべての弔問客に平等に接することが大切！

お悔やみのことばに対する答え方の例

「ごていねいに、恐れ入ります」

「お忙しいなかをお運びいただきまして、恐れ入ります」

「生前はお世話になりました。故人にかわりましてお礼申し上げます」

最近ではこだわらない人も多いが、感謝の気持ちを伝える場合も「ありがとう」ということばは使わないほうがよいとされている

②参列者にあいさつをする

通夜ぶるまい、出棺の前、精進落としの際に遺族を代表して弔問客にお礼を述べる

お礼のあいさつは、喪主以外の遺族が行ってもよい

お礼・心づけを用意する

お世話になった人には心づけを渡す

通夜・葬儀の際にお世話になった人には、正規の料金とは別に「**心づけ**」を渡します。渡す相手は、会場から火葬場まで移動する際の霊柩車やマイクロバス、ハイヤーの運転手、火葬場の係員など。心づけは葬儀をサポートしてくれた人への感謝を伝えるためのものですが、スタッフの給料の一部になる慣例が残っている地域や職種もあり、渡さないとその場で請求されることもあります。金額の相場は、地域や葬儀の規模によっても異なるので、葬儀社に相談するとよいでしょう。

心づけは白封筒や小さめの不祝儀袋に入れるか、半紙で包みます。表書きは入れなくて構いませんが、入れる場合は「**御礼**」「**志**」などとします。いつ、だれに渡せばよいのか迷ってしまうことも多いので、前もって少し多めに用意して葬儀社に預けておくとスムーズです。

世話役にはお礼を用意する

世話役を引き受けてもらった人にもお礼として現金や商品券を包み、葬儀終了後に手渡しします。心づけと同様に白封筒などに入れ、表書きは「御礼」「志」などとします。ただし、世話役代表だけは後日改めて訪問し、菓子折りなどを添えて渡しましょう。世話役ではないけれど手伝いをしてくれた人には、後日、菓子折りなどを贈ります。

心づけの相場

地域や葬儀の規模によって異なるが、全般に2,000～3,000円程度の場合が多い

渡す人	金額のめやす
霊柩車の運転手	3,000円～1万円 （霊柩車のランクに応じる）
マイクロバスの運転手	3,000円～5,000円
火葬場（公営以外）の係員	5,000円～1万円
火葬場（公営以外）の休憩室係員	3,000円～5,000円

公営火葬場では心づけを渡す必要はないが、慣例として「出せば受け取る」ところも。事前に葬儀社に聞いておくとよい

注意！ **原則として、葬儀社の担当者への心づけは不要。渡したい場合でも、辞退されたら無理強いしない**

お礼の相場

渡す人	金額のめやす
世話役	5,000円～1万円 ※現金ではなく、商品券や品物を渡すことも多い
世話役代表	1万円～＋菓子折
世話役以外の手伝いの人	近所の人など　菓子折り、タオル、石けんなど
	会社関係者　みんなで分けられる菓子類など

注意！ **当日渡す心づけやお礼は、少し多めに用意しておくと安心**

通夜・葬儀の服装

和装の場合はレンタルも便利

遺族は、通夜・葬儀までに喪服を用意する必要があります。とくに女性の場合、喪主は和服を着ることも多いようですが、和装・洋装のどちらでも構いません。和装の場合は、染め抜きの五つ紋をつけた黒無地の着物が正式。帯、帯締め、帯揚げは黒、半衿《はんえり》と長じゅばん、足袋は白にします。草履やバッグも黒いものを使います。和装の場合、レンタルの喪服を利用する人も少なくありません。正しい家紋を付けかえてもらえることもありますが、レンタルショップに該当する家紋がなかったり通夜・葬儀が迫っている場合は、家紋にこだわらず、そのまま着用することも多くなっています。

洋装も黒一色でまとめる

洋装の場合は、黒無地のワンピースやスーツを着用します。生地に光沢がなく、ボタンやベルトのバックルなどにも光るものは避けましょう。衿ぐりのあきが少なく、スカートはひざ下丈が適当です。ストッキング、靴、バッグも黒いものを。仏式の場合、靴やバッグも革製のものは避けるのが正式です。アクセサリーは一般の参列者は真珠のネックレスなどをつけることもありますが、遺族は何もつけないのが正式。洋装の場合も、長い髪はまとめ、髪どめなども、光沢のない黒一色のものを使いましょう。

遺族の服装

和装

着物
染め抜き五つ紋を入れた黒無地

バッグ
光沢や飾りのない黒。布製のものが正式

アクセサリー
結婚指輪だけをつける

喪服をレンタルする場合、肌着や足袋など直接肌に触れるものは、買い取りまたは自分で用意することが多いので事前に確認しておく

長じゅばん、半衿
白の無地

帯、帯揚げ、帯締め
すべて黒。帯は地紋が入っていてもよいが、蓮、流水など葬儀にふさわしい柄のものに

草履
光沢のない黒。布張りのものが正式

洋装

髪型
長い髪はすっきりとまとめる。髪どめなども光沢のない黒いものを使う

衿ぐり
あきが大きいものは避ける

袖
夏でも長袖が正式だが、最近では暑い季節は半袖でもよい

バッグ
光沢や飾りのない黒。布製のものが正式

ストッキング
黒い無地。柄入りのものや、厚手のタイツは避ける

洋服
黒無地のワンピースやスーツ。スーツの場合は、インナーのブラウスなども光沢のない黒いものを

生地
光沢がなく、透けない素材を選ぶ。ボタンやベルトも、光らないものを

アクセサリー
結婚指輪だけをつける

スカート丈
膝が隠れる長さのものがよい

靴
光沢や飾りのない黒いパンプス。革製のものは避けるのが正式

葬儀社はどのように選ぶか？

病院から自宅への搬送だけを頼むことができる

病院で亡くなった場合、遺体を自宅や斎場まで搬送してもらう必要があります。すでに葬祭業者が決まっていれば、すぐ連絡を取りますが、決まっていない場合、病院出入りの業者があれば搬送を依頼することは可能です。ただ、搬送を頼んだからといって必ず葬儀を依頼する義務はありません。業者によっては、葬儀の段取りなどを切り出し、葬儀まで依頼するのを既成事実のように話をする業者もいるようですが、あわてて、葬儀を依頼しないほうが無難です。そうした営業優先の業者はとかく費用も高めで、事務的な仕事のところが多いようです。

選ぶのは慎重に、ただし時間をかけずに……

だからといって、病院から自宅への搬送を頼んだ葬儀社がすべて営業優先、とは限りません。故人への接し方もていねいで、遺族らにも親切な業者は少なくありません。そうした業者であれば葬儀を任せるのも1つの方法です。

日本消費者協会が実施したアンケートによる「葬儀の依頼先を知った理由」では、「以前、頼んだことがある」「近くにあった」「親族・知人の紹介」が上位3位です。人とのつながりや地縁によって依頼先を知り、決めていることがわかります。

親戚や知人から地域の葬儀社の情報を得て、葬儀社の規模や特長などを比較して決めるのが現実的でしょう。ただし、最近は地域や死亡日によって火葬場が混み合い、1週間程度は待たされることがあるので、早めに葬儀社を決めて火葬場や僧侶への連絡を滞りなくとってもらいましょう。

現役世代であれば、会社が契約する葬儀社を紹介してくれることがあります。割安で利用できることが多いので、会社を通して依頼するのも選択の1つです。

葬儀の依頼先

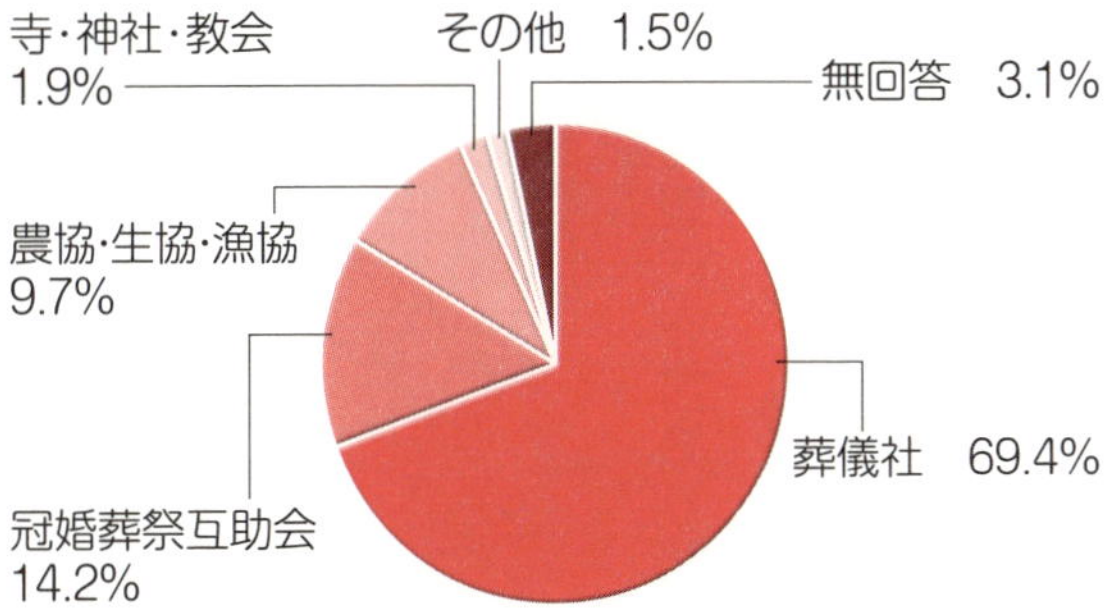

冠婚葬祭互助会は前払いの互助システムで、発生後に費用を支払う葬儀社とは支払いのしくみが異なる

（第10回「葬儀についてのアンケート調査」一般財団法人　日本消費者協会　2014年1月）

依頼先の葬儀社を知った理由　※複数回答

以前、頼んだことがある	24.7%
近くにあった	23.3%
親族・知人の紹介	20.0%
冠婚葬祭互助会の会員	16.7%
農協・生協・漁協の組合員	6.9%
広告・看板	6.8%
故人が生前に予約	6.1%
寺・神社・教会の紹介	4.3%
病院の紹介	4.0%
電話帳での広告	3.3%
地域で決まっている	2.3%
勤務先の紹介	1.9%
インターネット	1.7%
その他	8.9%
無回答	6.6%

以前の経験や知人による紹介などが多い。意外にインターネットの活用による割合が低い。葬儀社探しに関してはITよりも地縁による情報を頼りにする人が多いようだ

葬儀社に連絡する

葬儀社に連絡する

病院から搬送を含めて葬儀社に依頼する場合は、故人の名前・病院名・搬送先・自分の名前と故人との関係などを伝えます。自宅に安置されている場合は自宅の住所・故人の名前・自分の名前と故人との関係、亡くなった時間などを伝えます。葬儀社の質問に冷静に答えましょう。

葬儀社は24時間対応してくれるので、いつ電話してもつながります。すでに安置されているときは、夜中に電話しても翌朝の訪問になることがあります。

葬儀社に不満があったら

最近、リーズナブルな葬儀を特長にしている葬儀社も増えているので、頼んだ葬儀社が割高なのではないかと心配する遺族もいるでしょう。葬儀社に依頼する前に、インターネットなどを活用し価格を比較してから依頼する方法もあります。

また、訪問を受けたあと、価格に疑問があったら別の葬儀社から相見積りを取る方法もあります。しかし、故人との関係が親密な配偶者や子などが短い時間にそれらの作業をするのは難しいでしょう。やはり、葬儀社は慎重に選び、1度決めたら任せるのが現実的です。ただし、担当者が事務的だったり不親切なようなら、担当者を変更してもらうか、葬儀社を変えるなど納得いく葬儀にしてもらえるよう努めるのは当然のことです。

こんな葬儀社の担当者なら安心

④説明がわかりやすく、同じ質問を何度しても嫌がらず答えてくれる

①電話での受け応えがていねいで、落ち着きがある

⑤見積りが明瞭で、高額なコースを押しつけない

②清潔な服装で身だしなみが整っている

⑥「全葬連（※）」に加盟し、葬祭ディレクターが在籍する

※**全葬連**＝全日本葬祭業共同組合連合会

③要望をていねいに聞いてくれ、事情を理解してくれる

葬儀社と打ち合わせをする

葬儀社から聞かれること、確認したいこと

故人が現役世代かシニア世代かにかかわらず、遺志が示されていたら、できるだけそれに沿った葬儀を行いたいものです。葬儀社との打ち合わせも、その点を頭において行いましょう。

まず葬儀社から聞かれることは、

①故人の氏名、生年月日、住所
②喪主（故人との関係）、世話役について
③予算
④希望会場
⑤会葬予定者数、親戚縁者の数
⑥家紋
⑦宗旨宗派、菩提寺

などです。故人の経歴も簡単にまとめておきましょう。

遺族側は葬儀社の質問に答えるだけでなく、こちらの事情と希望を伝えましょう。とくに費用については確認しておきましょう。葬儀社が勧めるセット料金には、棺、祭壇、霊柩車などは含まれますが、飲食費などは含まれません。諸経費が加算されると、総費用は予定より高くなりがちです。どれが追加になるか見積もりを取り予算については、事前に伝えましょう。

葬儀で遺族が決めなくてはならないのは、①通夜や初七日法要の料理、②遺影に使う写真、③返礼品・会葬礼状、④弔電披露（選択と順番）、⑤喪主のあいさつ、⑥葬列のときの位牌・遺影の持ち手、⑦火葬場での飲食など、です。わからないことがあれば、葬儀社に相談しましょう。

女性の担当者をお願いできる葬儀社もある

最近、喪主が女性の場合、女性の担当者がついてくれる業者が増えています。同性としての気配りも期待できるので、葬儀社に相談してみましょう。

葬儀社に依頼できること

管理と指導	作法の指導／葬送日程の管理
準備や手配	安置の手伝い（ドライアイス・死化粧・枕飾り・旅支度）／納棺儀式（棺手配）／遺影の準備／火葬場の手配／供物・供花・花環の手配／料理の手配／式場の設営（受付・祭壇・門前飾り）／会葬礼状・返礼品の用意／香典返しの手配／貸し布団・貸し衣装の手配／車両の手配／文房具の準備／骨壺の用意／看板・順路提示の用意・設置など
事務・進行	遺体の搬送／通夜・葬儀の司会進行／式次第の作成/役所への届け出／火葬場の立ち会い／式場の片付け／初七日法要の設営など
紹介事業	葬祭式場の紹介／寺院の紹介／仏壇・墓所の紹介・販売／遺品整理サービス業者の紹介など
オプションサービス	湯灌／写真・ビデオ撮影、放映／各種の演出／喪服の着付け／楽器演奏など

※東京都の葬儀社の一般的なサービスですが、地域の風習などによって異なることがあります。

会葬者の数を予想しましょう

葬儀社が知りたがる会葬者の予想数

葬儀社に依頼したとき、担当者が知りたがるのは会葬者の予想数です。会葬者数によって通夜ぶるまいや、会葬礼状・返礼品、最近増えている香典の即日返しなどの数が決まってきます。さらに、会葬者が多ければ、広めの葬儀会場を押さえておく必要があります。あわせて、祭壇の大きさや花の数なども変わり自然に大きな葬儀になります。費用の面でいえば葬儀での出費は増えますが、その分香典の金額も多くなるので、葬儀の大きさに比例して喪家の負担が飛躍的に増えるとは限りません。

会葬者の数は故人の年齢などによって決まる

葬儀社は会葬者数を予想するとき、故人が「現役かどうか」「高齢かどうか」「夫婦のうち後か先か」などを材料にするようです。以前は、高齢夫婦の性別による会葬者数の違いがあったようですが、最近は女性もサークル活動やボランティア活動などによって交流を広げているため、性別による会葬者数の違いは大きくはないようです。

最近、顕著なのは、身内だけで行いたいという喪家《そうか》が増えていること。故人が高齢なほどこの傾向が強く、社会的な影響力のあった故人でも、身内だけで送り、後日「送る会」を開くなど、葬儀そのものは少人数で質素に行われる傾向です。

会葬者を予想すると……

①夫が現役世代の場合

会葬者が多いと予想される。小さな葬祭会場では会葬者が収まりきらず迷惑をかけることもあるので、やや広めの会場を押さえておくと無難

■会葬者

・夫婦の親類　・ご近所
・夫の会社関係者
・夫の学生時代などの友人
・妻の会社関係者
・妻の友人
・子どもの学校関係者

②夫がシニア世代でも若い場合

夫の元の同僚や妻の友人、子どもの仕事関係者や友人などが参列し、予想より多くなることも。現役のころよりも会葬者が多い葬儀もある

■会葬者

・夫婦の親類
・ご近所
・夫の元同僚や学生時代などの友人など
・妻の友人
・子どもの仕事関係者や友人

③夫が高齢の場合

夫の同僚や友人の中には他界している人もいる。子どもがリタイアしていたら仕事関係者も減り、親戚など身内中心の葬儀になることが多い

■会葬者

・夫婦の親類
・ご近所
・夫の友人（少数）
・妻の友人（少数）
・子どもの友人（少数）

葬儀を行う場所を決める

葬儀専門式場で行うことが多い

かつて葬儀は、家が狭く近所づきあいも希薄な都心部では葬儀専門式場で行うことが多く、菩提寺やご近所とのつき合いが濃く家も広めの地方では、寺院や自宅で行うことが多いといわれていました。しかし、最近では、ご近所総出で葬儀を行うことは地方でも減っているようで、地域によらず葬祭式場で行う喪家が増えています。葬儀の場所については、葬儀社が会葬者の人数や費用などによってふさわしい会場を紹介してくれますので、故人の宗教・宗派、葬儀の希望などを葬儀社に伝えましょう。

葬儀の規模を決めましょう

「会葬者の数を予想しましょう」（48ページ参照）で記述したように、式場を決めるカギになるのは、会葬者の人数です。人数にあった広さや規模の会場を選ぶことが何より重要です。

とくに家族葬を望まない場合、故人が現役世代であれば予想よりも多くなりがちです。人数の予想がつかない場合は、同じような葬儀を行った親戚などに話を聞くと参考になります。

式場は必要に応じ、予想される会葬者に通夜ぶるまいができる広さがあるか、また宿泊する施設があるかなどを考慮して選びます。会葬者の都合を考え、交通の便や駐車場の有無も考えに入れておきましょう。

葬儀の場所

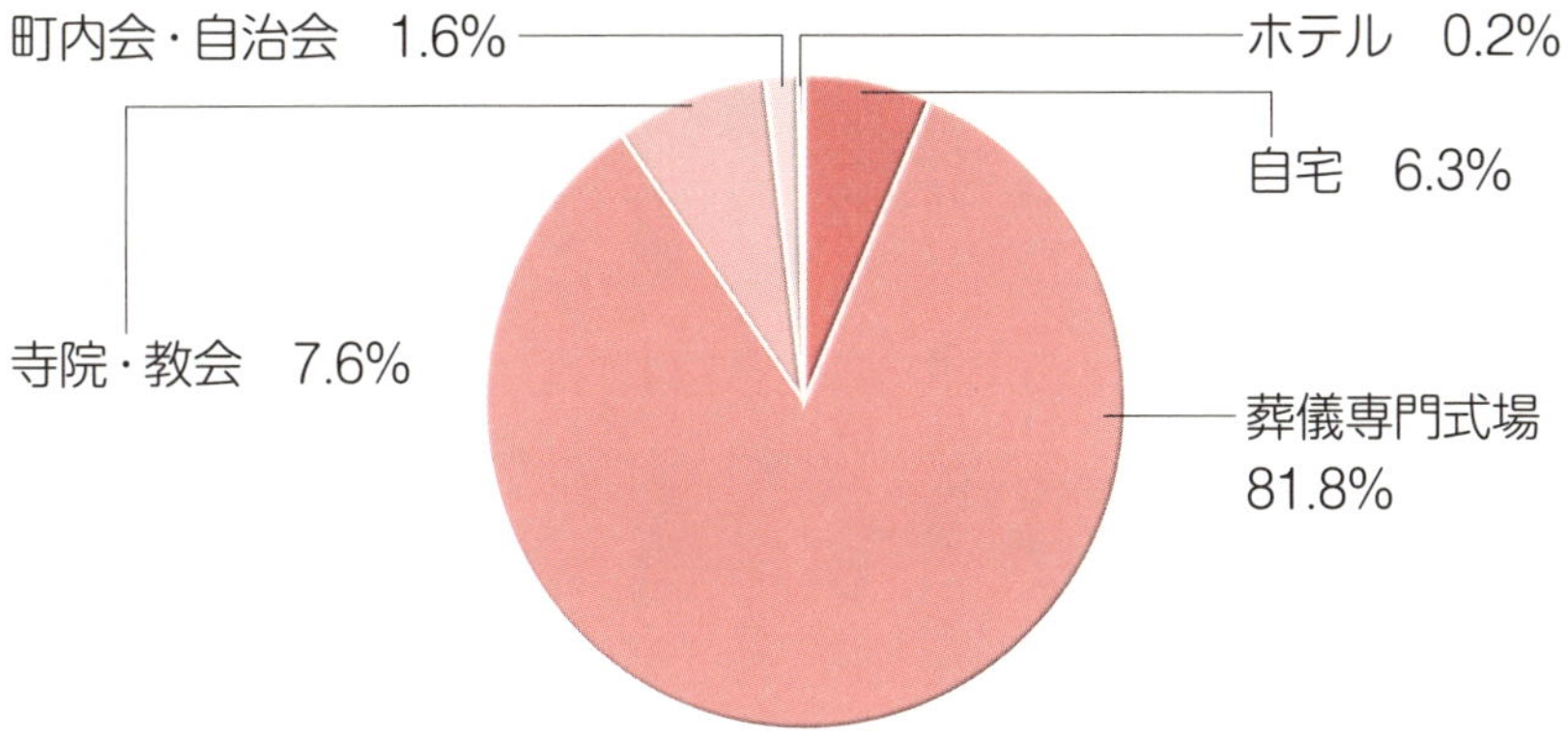

（第10回「葬儀についてのアンケート調査」一般財団法人　日本消費者協会　2014年1月）

葬儀式場のいろいろ

①自宅

祭壇を飾る部屋、遺族や僧侶が休む部屋、通夜ぶるまいができるスペースがあるかを考慮する

②葬祭式場

最近の主流。自治体・葬祭業者・寺院などが経営するものがある。葬祭業者を通して申し込む

③寺院や教会

仏式は菩提寺で行う。どの宗派でも利用できる寺院付設の式場もある。キリスト教は教会が原則

④町内会・自治会

団地やマンションの集会場、公民館や地域のコミュニティーセンターを利用できる場合も

⑤ホテル

遺体の搬入や焼香、読経はできないのが一般的。宗教色のない「お別れ会」に向いている

葬儀の日程を決める

葬儀日程には優先順位がある

優先順位の第一は、葬儀の儀式を執り行う宗教者の都合です。菩提寺があれば、葬儀の依頼は遺族がしますが、具体的な日程の調整は葬儀社に任せたほうが無難です。最近は火葬場や斎場が混み合い、数日待たされることもあります。宗教者と火葬場の空き具合などを調整するのは、プロの葬儀社でないとなかなかできません。宗教者の都合を確認せず日程を決めたら、檀家で法事の予定があり、日程を変更せざるを得なくなった、という例もあるので、まず宗教者に連絡しましょう。

最近は臨終から通夜・葬儀まで日数をかける

宗教者の都合と火葬場の予定がとれたら、葬儀の日程を決めますが、最近は死亡当日の夜に通夜、翌日葬儀といったケースは少なく、通夜まで中2日、中3日、場合によっては1週間後という葬儀も少なくありません。地域にもよりますが、火葬場が混んでいることや安く利用できる公の葬祭式場が混んでいることが理由です。とくに火葬場の休みが続く正月明けは混んでいて、1週間以上待たされることもあるようです。

火葬場はともかく、葬祭式場は選択の余地があるので、遺族の仕事などの都合であまり遅らせたくない場合は、葬儀社に相談し空いている式場を探してもらう方法もあります。

葬儀日程の決定

葬儀社と打ち合わせ

遺族が希望する日程（家族が海外に住んでいる場合などは日程を遅らせる）を軸に、友引などを考慮して日程を調整する

菩提寺のある場合

喪家から依頼し、こちらの希望で葬儀を行ってもらえるかお聞きする。難しい場合は日を変更する

菩提寺のない場合

葬儀社に宗教者の紹介を依頼する場合は、葬儀社に予定を聞いてもらう

火葬場を予約する

葬儀社に火葬場の予約を依頼する

葬祭式場を予約する

葬祭式場で行う場合は会葬者数の予測などを行い、それに合った広さの式場を葬儀社に予約してもらう

喪主・遺族が決定

知り合いなどへ連絡が必要なので、打ち合わせ当日に日程は決める。各種の印刷物などへの手配に入る

通夜・葬儀の日程

	1日目	2日目	3日目	4日目	5日目	6日目	7日目	8日目	9日目
最も早い例	死亡	通夜	葬儀						
早めの例	死亡	→	通夜	葬儀					
多い例	死亡	→	→	通夜	葬儀				
	死亡	→	→	→	通夜	葬儀			
	死亡	→	→	→	→	通夜	葬儀		
遅い例	死亡	→	→	→	→	→	通夜	葬儀	
	死亡	→	→	→	→	→	→	通夜	葬儀

夫が家族葬などを望んでいたら

「家族葬」とはどういうものか?

最近広告などでよく目にする**「家族葬」**ですが、葬儀業界から生まれた実用の名称で、宗教的な意味合いはなく、これが家族葬といった定義はありません。名称通りに考えると「家族だけで行う小さな葬儀」ということになるのでしょうが、もう少し広く「近しい身内だけで静かに故人を送る葬儀」という意味でも使われます。残された数名の家族、あるいはごく親しかった知人を中心に、心から見送るものので、義理で参列するものではないのが「家族葬」といえるでしょう。

夫が「家族葬」を望んでいたら

こうした家族葬を生前、夫が望んでいたら、妻などの遺族は遺志を尊重したいと考えるでしょう。ただし、夫の年齢や立場、親類などとの関係の深さを考慮に入れず、故人の遺志だからとだれにも知らせず葬儀を済ませたりしたら、あとでトラブルになることが少なくありません。「家族葬ではなく、内緒葬ではないか」、と怒る親類も多いでしょう。葬儀に参列できなかったからと、後日自宅への会葬者がひっきりなしに訪れ、静かに喪に服することもできなかったという喪主もいます。

もし、故人が身内だけの葬儀を望んでいたら、現役世代なら会社にその旨を伝え上司や同僚に理解してもらったり、親類や親しい友人に故人の遺志を伝えるなど、事前にある程度理解を求めたほうが無難です。

夫が「直葬」を望んでいたら

また、最近増えているのが通夜・告別式などのセレモニーを行わず火葬場で簡単な弔いをして火葬する「**直葬**《ちょくそう》」です。夫がこの葬儀を望んでいたら、どうするか？　経済的な事情なら選択の余地はありません。しかし、経済的な心配もなく遺族や会葬者も多数見込めるようなら、だれにも知らせず火葬だけを行う直葬は、あとでトラブルの火種になる可能性があります。

家族葬の費用のめやす

自宅の場合　37万円

葬儀費用　30万円（祭壇含まず）
火葬・車輌費用　7万円

葬祭場（20〜30人程度）の場合　80万円

葬儀費用　50万円（祭壇含まず）
式場　25万円　火葬費用　5万円

一日葬（葬儀のみ）の場合　40万円

1日葬送プラン（式場・祭壇含む）

※宗教者へのお礼・料理・返礼品・火葬場休憩室使用料含まず（都内葬儀社調べ）

直葬の費用のめやす

火葬場プランの場合　21万円

火葬（公営）、ドライアイス、桐棺、寝台車、収骨器・位牌、防水シーツ、保管（1日分）を含む

※私営火葬場を利用する場合は、公営火葬場との差額（数万円）程度の費用が別途必要（都内葬儀社調べ）

夫の葬儀にいくらかかるか？

会葬者の数だけではない葬儀費用がかかるポイント

葬儀の費用は会葬者の数によって違ってくるので、会葬者の数に影響のある「故人が現役かどうか」、「高齢かどうか」によって葬儀費用は違ってきます。ただし、祭壇《さいだん》・棺《ひつぎ》・遺影《いえい》などの基本料金や宗教者へのお礼、火葬の費用などは、会葬者の数とは関係なくかかってくるので、小さな葬儀でも一定のお金の用意は必要です。

さらに、小さな葬儀だからといって、菩提寺から「格上の戒名《かいみょう》」をいただいたり、生演奏の演出を依頼したり、棺だけは立派なものを望んだりしたら、大きな葬儀とさして違わない費用になってしまいます。

葬儀費用の全国の平均はどのくらい？

では、日本人は葬儀にどのくらいの費用をかけているのでしょうか？　全国の消費者約2000名を対象に2013年7月〜9月に実施した日本消費者協会のアンケート調査では、葬儀一式・寺院の費用・飲食接待費を合計した平均額は188万9000円でした。

約190万円とは高額なようですが、10年ほど前の調査では236万円ですから、50万円近く下がっています。それでも葬儀は、お金がかかるものです。知らない間に出費がかさむこともあります。会葬者が見込まれる葬儀であれば、200万円くらい葬儀費用を用意しておくのが無難のようです。

葬儀の費用（全国平均）

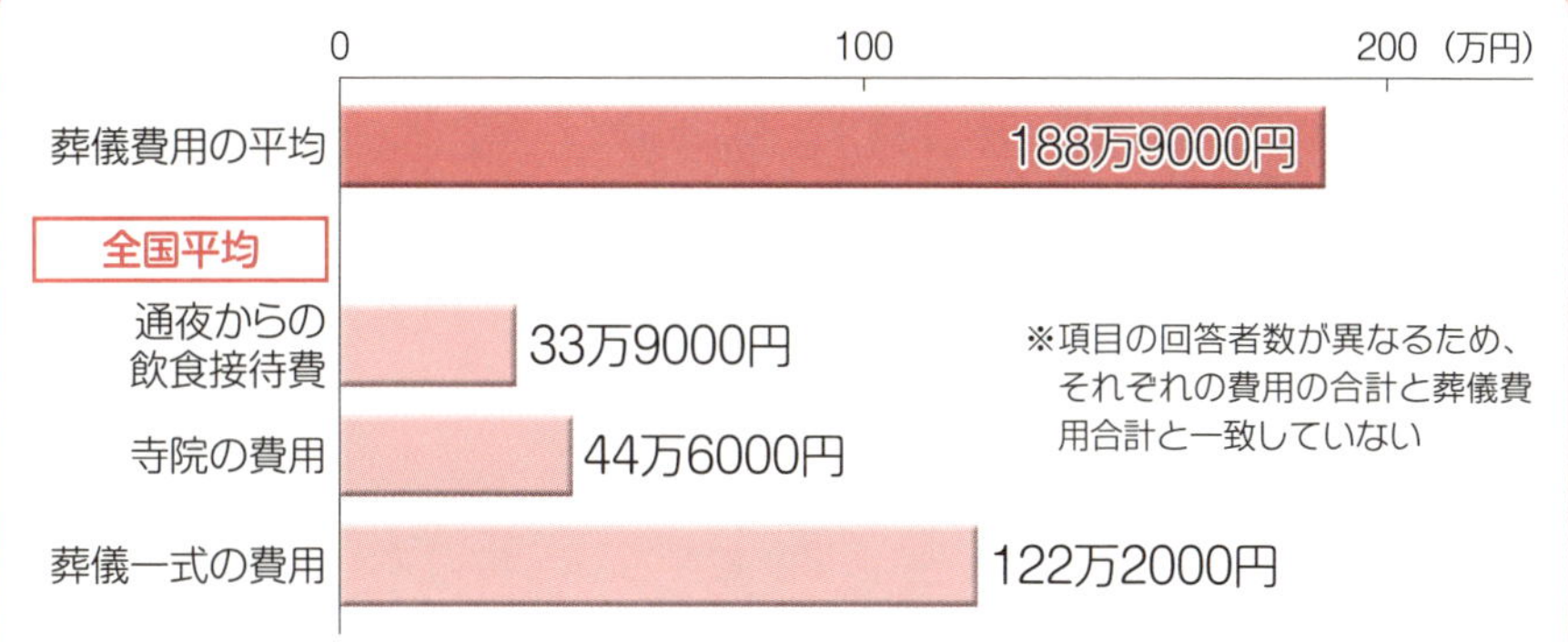

※項目の回答者数が異なるため、それぞれの費用の合計と葬儀費用合計と一致していない

（第10回「葬儀についてのアンケート調査」一般財団法人　日本消費者協会　2014年1月）

葬儀費用の内訳

葬儀の基本的費用	**祭壇、棺、葬具、写真、礼状、位牌、備品など** 葬儀費用の基本料金。葬儀社からセットで提案されることが多い。例えばAランク200万円であれば、祭壇は６尺5段袖、棺は彫刻棺など高額な葬具が揃えられる。100万円・50万円と料金が低くなれば材質が落ちる。会葬者の数には影響を受けない
実費	**火葬場、式場費、車両費（霊柩車、送迎車）など** 葬儀社が外部に依頼してくれ費用は立て替えてくれる。火葬の費用は違わないが、控室のランクや送迎車の数によって、料金は違ってくる
寺院へのお礼	**宗教者への謝礼（読経料・戒名料・お車代）など** いくらお布施を包めばよいかわからないときは、直接僧侶に尋ねても問題ない。最近は、僧侶のほうから提示してくれることもある。戒名のランクだけでなく、通夜・葬儀に何人の僧侶が来てくれたかによって、お布施の額は大きく違う
会葬者の数によって違う費用	**通夜料理、精進落とし、会葬者への返礼品、供花など** 通夜ぶるまいは1人2500円がめやす。返礼品は1人1000円～1500円。会葬者が多い分は香典が見込めるので大きな負担にはならない
その他	**心づけ、世話役へのお礼** 運転手やふるまいなどの配膳係などのスタッフへの心づけは葬儀社に渡しておく。心づけといっても葬儀業界の習わしで料金の一部と考えておいたほうがいい

菩提寺に連絡する

菩提寺があれば そこに連絡する

夫の宗教・宗派、お墓などについて生前に話し合っておかないと、家族は葬儀とお墓のことでいきなり悩むことになります。

まず、「お坊さん」への連絡ですが、夫の一族に菩提寺があれば、その寺院に通夜・葬儀の施行を依頼します。しかし、菩提寺がなかったり、菩提寺のお墓に埋葬する予定がない、さらには菩提寺があるのかないのかわからないなどというときには、葬儀を執り行ってくれる僧侶を探さなくてはなりません。

葬儀社に僧侶を紹介してもらう

遠方でも菩提寺があれば、そちらに連絡し、通夜・葬儀の相談をしましょう。住職に来ていただくようにお願いしますが、遠方のため難しいようなら、近くにある同じ宗派の寺院を紹介してもらう方法もあります。来ていただくとき宿泊が必要ならこちらで用意します。夫の宗派はわかるが、菩提寺はわからないときは、その宗派の総本山に事情を説明し紹介してもらうことができます。

ただ、こうした手間を省きたいということであれば、葬儀社に僧侶を紹介してもらう方法があります。最近は、こうした喪家が多く、東京都内の大手の葬儀社では40%近くが自社で手配した僧侶によって葬儀が行われるということです。

このように葬儀社で僧侶をお

願いするメリットの1つはお布施の額が明瞭だということです。「読経料は僧侶1人＝○○円」「戒名は信士・信女＝○○円」と決まっているので、僧侶とのお金をめぐる駆け引きをしなくても済みます。

寺院への連絡と今後のつき合い

葬儀の依頼

夫の菩提寺がある

菩提寺の住職に連絡し通夜・葬儀の施行を依頼する

菩提寺がない・菩提寺がわからないなど

・宗派がわかれば総本山に連絡し通夜・葬儀の施行を依頼する
・葬儀社に僧侶を紹介してもらい通夜・葬儀の施行を依頼する

埋葬

夫が墓の承継者

・菩提寺の代々墓に埋葬する

夫は墓の承継者ではない

・菩提寺に新しい墓を建て埋葬する
・霊園などの墓地を購入し埋葬する

霊園を購入

・霊園を購入し、その霊園の宗教者に法要などを依頼する
・霊園を購入し、通夜・葬儀を依頼した僧侶に法要などを依頼する

お布施はいくら包んだらいいか？

「戒名」は本来生前につけられたもの

とかく不明瞭な金額が話題になる「戒名《かいみょう》」ですが、いったいいくらが相場なのか。

戒名（浄土真宗では法名《ほうみょう》）は本来、仏の弟子になったとしてつけられる名前で、生前につけられます。いつしか葬儀の際につけられるようになり、お布施の額によっていただける戒名が違ってくるという現象が起きるようになりました。

これは、お布施を多く出した人はその寺院への貢献度が高く格の高い戒名をもらえるのは当然という考えです。戒名には「○○院居士（大姉）」「○○院信士（信女）」などがあります（かっこ内は女性）。

気になるお布施の相場は？

読経料を含むお布施の相場は、戒名の格によっておおよそ30万円から。上は100万円以上の場合もあります。宗派によって違うこともありますが、それ以上に地域によって相場が違うといわれています。東京と千葉・埼玉などでは10万円程度相場が違うといわれ、さらに関西では東京の70～80％くらいが相場だといわれています。

お布施以外にも心配りが必要で、通夜ぶるまいを辞退したら、料理を折り詰めにして渡すか、料理の代わりに御膳料（1万円程度）を包みます。そのほか、出向いてもらった交通費としてお車代（1万円程度）を支払います。

戒名の構成

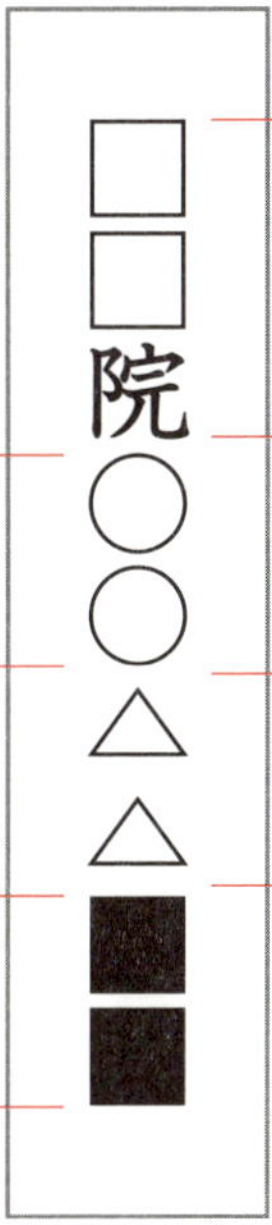

□□院（院号、院殿号）
社会的貢献度の高い人につけられる

○○（道号）
生前の雅号や別名がつけられることもある

△△（法号）
本来の戒名。2字のうち1字は故人の俗名から、1字は故人を偲んだ仏教の経典由来の字が使われることが多い

■■（位号）
仏教徒としての位と性別などを表す。信士、信女、居士、大姉などがある

お布施のめやす

	戒名料	読経料	お布施の総額
俗名	—	25万円	25万円
○○信士・○○信女（最も多い戒名）	10万円〜	25万円〜	35万〜50万円
○○居士・○○大姉（次のランクの戒名）	25万円〜	25万円〜	50万〜100万円
△△院○○居士・△△院○○大姉（格付けの高い戒名）	60万円〜	40万円〜	100万〜150万円

※都内葬儀社の例

仏式の通夜の準備と進め方

現役世代は通夜の会葬者が多い

死者を葬る前に遺族や近親者、親しい人たちが集い一夜を明かすのが通夜式でしたが、最近は都合で葬儀・告別式に参列できない一般弔問客が多いため、通夜が葬儀の中心になりつつあります。とくに故人が現役世代の場合、会社関係者は平日休むことができず、一部の同僚を除いて通夜に集中するので、通夜と翌日の葬儀・告別式の会葬者の比率が10対1というケースも少なくありません。仕事を離れたシニア世代でも、通夜の弔問客が増えています。

一般的な通夜の進め方

通夜の進め方は、遺族と会葬者がそろったところで、僧侶による読経《どきょう》、遺族と会葬者による焼香《しょうこう》が行われ、儀式終了後、会葬者に酒食をふるまう「通夜ぶるまい」で終わるというのが主な流れです。喪主や遺族は、会葬者への応対をしないで、世話役に任せるのがならわしです。弔問客が会場に到着しても、あいさつに出向く必要はありません。

席次は血縁の濃い順に

席順は喪主が棺に一番近いところに座り、祭壇に向かって右側に喪主、遺族、近親者と血縁の濃い順に座ります。左側には、世話役代表、友人、知人、職場関係者が縁の深い順に座ります。一般会葬者は、後方に座ります。

通夜式の進行例

①僧侶を迎える

僧侶を控室に案内したあと、喪主が進行や手順について打ち合わせをする

↓

②受付開始

会葬礼状や返礼品を通夜後に渡す場合は、このときに引換券を配っておく

↓

③一同着席

喪主と遺族は開始15分前に着席する

↓

④導師入場・読経

導師が入場するので合掌・礼拝によって迎える。導師の入場後、読経が行われる

↓

⑤焼香

読経の中を喪主、遺族、親戚、一般弔問客の順に行う

↓

⑥喪主あいさつ

僧侶の退場後、喪主からお礼のあいさつをし、通夜ぶるまいの案内をする。通夜ぶるまいのあとに、あいさつをすることもある

↓

⑦通夜ぶるまい

ある程度時間が経過したら、明日の葬儀・告別式もあるので、締める

仏式の葬儀・告別式の進め方

「葬儀」と「告別式」は別のセレモニー

最近は「葬儀・告別式」といっしょに扱われますが、本来は葬儀と告別式は別のものです。葬儀は故人の冥福《めいふく》を祈る宗教儀礼で、遺族や近親者で営みます。告別式は、遺体を火葬場や墓地まで送った葬列（野辺送り）が変化したもので会葬者が故人に別れを告げ、遺族に対して悲しみを共感するために行われます。

仏式葬儀・告別式の進め方は宗派によって異なります。事前に僧侶に作法をうかがい、スムーズに見送りができるようにしましょう。

弔辞の依頼と弔電の扱い方

弔辞が奉じられる葬儀も少なくありません。

弔辞は時間があるからと、その場でお願いするようなものではありません。現役世代であれば上司などの会社関係者や学生時代の恩師、シニア世代であれば長年親しくしてもらった友人などに、事前にお願いしておきます。お願いする方は、葬儀社に相談しますが1～2名が適当でしょう。

弔電の披露は、代表して2～5通ほどを読み上げます。会社員であれば会社の代表者を第1に。順序は会社関係者、社会的地位の高い方を優先することが多いようです。奉読できなかった弔電は「多数届いていますがお名前だけをお読みします」と断って名前のみを紹介します。

葬儀・告別式当日の進行例

準備
・式場の準備　・受付の準備　・僧侶の出迎え
・僧侶の接待　・弔電の確認

葬儀・告別式の式次第

①受付開始
開式の30分前には受付を始める

②一同着席
遺族は15分前には着席している

③導師入場
司会者の合図で合掌・礼拝によって導師を迎える

④開式の辞
司会者が開式のことばを述べる

⑤読経
宗派によって僧侶が引導・授戒を行う。通常30分～40分

⑥弔辞
弔辞は代表者１～2名（事前に遺族が依頼）。省かれることも多い

⑦弔電の披露
2～3通紹介して、あとは名前だけを読み上げるか弔電の数だけ紹介する

⑧焼香
喪主、遺族、親戚、一般会葬者の順で焼香する

⑨導師退場
全員、合掌・礼拝して導師を見送る。椅子の場合は起立して送る

⑩お別れ
最後の対面のあと、柩に花を入れてお別れをする。釘止めを行う

⑪喪主のあいさつ
出棺を前に参列と生前の厚誼に対するお礼を述べる

⑫閉会の辞
司会者が閉式の言葉を述べる

葬儀・告別式が終わって
・出棺　・火葬場への同行　・遺骨を迎える
・還骨法要を行う
・初七日法要（精進落とし）を行う

※地方部ではお骨での葬儀が多い

自由葬とお別れの会の進め方

最近多い「自由葬」と「お別れの会」

宗教にとらわれない葬儀を「**無宗教葬**」、あるいは「**自由葬**」と呼んでいます。同じように自由な葬儀でも、一度遺族による葬儀（密葬）を行って、あらためて告別式をメインに行うのが「お別れの会」です。新聞の訃報記事を見ると、多くの著名人がこの「密葬＋お別れの会」スタイルで送られています。

自由葬は特定の宗教にとらわれないため、宗教者による導きや説教などはありません。式の次第やスタイルにとくに決まりはなく、遺族が葬儀社と相談し自由に進めます。音楽葬、スポーツ葬、写真葬など演出の方法はいろいろです。生演奏などの音楽による葬儀は、宗教葬であっても演出方法の1つとして用いられることもあります。

遺族だけでなく知人が主催するお別れ会もある

「**お別れの会**」は喪主《もしゅ》などの遺族が主催するケースもありますが、故人の友人が発起人になって開くケースもあります。通常は四十九日までをめやすに行うのを「お別れの会」、法要に近い印象のものを「**偲ぶ会**」と呼ぶことが多いようです。どちらも、ホテルなどが会場になり、友人などが出席したパーティー形式で行われます。

●遺族が主催する場合

①密葬を行う

家族だけで密葬を行います。

②親戚・知人を招待

後日、親戚や知人に案内して告別式を行います。

③喪主からのあいさつ

喪主・施主から開催にあたってのあいさつをします。

●友人・知人が主催する場合

①遺族に了解をとる

遺族に会を開くことを説明し、了解をとります。

②遺族・友人を招待

遺族を招待し、故人の縁のある人に案内します。

③発起人のあいさつ

故人の先輩・恩師・友人などの発起人からあいさつをします。

自由葬の進行例

①遺族・会葬者入場
故人の好きだった音楽を流す

②開式の辞
遺族の代表または司会者が無宗教葬で行う理由を述べるとよい

③黙とう

④故人の略歴紹介
故人の写真やスライド、音声のテープ、ビデオを流しながら紹介する

⑤追悼《ついとう》のことば
友人などによる弔辞

⑥拝礼・合掌

⑦遺族・会葬者の献花や焼香

⑧喪主(遺族代表)の謝辞
故人の遺志通りの式であれば、そのことを述べ、会葬者へのお礼を述べる

⑨閉式のあいさつ

お別れの会の進行例

①主催者(遺族や友人など)のあいさつ
会の主旨や故人の功績などを紹介しながら会葬に対するお礼を述べる

②黙とう

③故人の略歴紹介
故人の写真やスライド、音声のテープ、ビデオを流しながら紹介する

④追悼のことば
友人などによる弔辞

⑤思い出の歌などを披露
故人が好きだった曲などがあれば合唱もよい

⑥献花

⑦主催者・発起人のあいさつ
あらためて故人の人柄などを偲び会葬のお礼を述べる

⑧閉式のあいさつ

神式の通夜と葬儀の進め方

神式での通夜の進め方

神式で、仏式の通夜にあたるのが「通夜祭《つやさい》」です。以前は「通夜祭」と「遷霊祭《せんれいさい》」と2日に分けて行われていましたが、最近はまとめて一連の儀式として行われるようになりました。

通夜祭では、斎主《さいしゅ》（神官）が祭事を執り行ったあと、仏式の焼香にあたる「玉串奉奠《たまぐしほうてん》」を行います。そのあと、遷霊祭が行われ、仏式の位牌にあたる霊璽《れいじ》に故人の御霊《みたま》を移します。

通夜祭、遷霊祭が終わると「直会《なおらい》」と呼ばれる宴席を設けます。仏式とは異なり、肉や魚は禁じられていません。しかし、喪家《そうか》で火を使うことはタブーなので、仕出し料理や寿司などの出前を利用するのが一般的です。

神式での葬儀・告別式

葬儀・告別式を「葬場祭《そうじょうさい》」といい、聖域である神社で弔事は行いません。普通は自宅か斎場で行います。

葬場祭が始まる前、参列者は「手水《ちょうず》の儀」を行って手と口を洗い清めます。最近は、場所の都合で省略されることが多いようですが、手を清めるときは、水を3回に分けて注ぎます。

神式の葬儀・告別式の進行例

①手水の儀

②神官・遺族の入場

③開式の辞

④修祓《しゅうばつ》の儀

一同起立。斎主が式場と一同を祓い清める

⑤献饌《けんせん》と奉幣《ほうへい》

故人の好物と供物を供える

⑥斎主祭詞《さいし》奏上

⑦弔辞・弔電

⑧玉串奉奠

⑨撤饌《てっせん》・撤幣《てっぺい》

食べ物と供物を下げる

⑩神官退場

⑪閉式の辞

神式での通夜の進行例

〈通夜祭〉

①手水の儀

②斎主入場

③拝礼

④献饌《けんせん》

故人の好物を祭壇に奉げる

⑤祭詞《さいし》奏上《そうじょう》

⑥玉串奉奠

幣（白い紙などで作った）をつけた榊の枝を祭壇に奉げる

〈遷霊祭〉

⑦一同着席・一拝

⑧遷霊の儀

故人の御霊を霊璽《れいじ》に移す

⑨仮霊舎に霊璽を安置

⑩直会

仏式の通夜ぶるまいにあたる

玉串奉奠のマナー

①右手は枝を上からつかみ、左手で葉先を下側から支える

②玉串を置く台（あん）の前で目礼。玉串の根元を神前に向け、両手で供える

③姿勢を正し、2、3歩下がり2拝、しのび手（実際にはたたかない）で2拍手、1拝して下がる

キリスト教式の通夜と葬儀の進め方

キリスト教式の通夜の進め方

キリスト教式葬儀にはもともと通夜の儀式はありません。日本の儀礼習慣に合わせて、カトリックでは「通夜のつどい」または「通夜の祈り」、プロテスタントでは「前夜祭」が行われるようになりました。

聖歌・賛美歌の合唱、聖書朗読、神父・牧師の説教、お祈りが行われ仏式の焼香にあたる献花が行われます。通夜のあと、茶菓《ちゃか》や軽食を出し、故人の思い出を語って過ごす時間を設けますが、仏式の通夜ぶるまいのように酒肴でもてなすことはありません。

キリスト教式の葬儀・告別式

キリスト教では、死は魂が神のもとに帰ることを意味するので、葬儀は故人との別れを悲しみながらも、故人が安らかに天に召されることを祈るのが中心になります。

キリスト教式では、葬儀は教会が主催するのが一般的です。具体的な準備や進行は、教会や聖職者の指示に従います。神父や牧師が世話役・進行役を兼ねます。ミサ、礼拝後の献花などが告別式にあたります。キリスト教式の葬儀は、聖書朗読・神父や牧師による説教・讃美歌斉唱・献花が中心になりますが、弔辞や弔電披露、遺族のあいさつなど仏式の葬儀と同じような次第が組み込まれるのが一般的になっています。

〈プロテスタント〉

●通夜の進行例

①賛美歌斉唱
②聖書朗読
③お祈り
④賛美歌斉唱
⑤牧師による説教
⑥賛美歌斉唱
⑦献花

●葬儀・告別式の進行例

①前奏
②賛美歌斉唱
③聖書朗読
④お祈り
⑤賛美歌斉唱
⑥牧師による葬儀の辞
⑦お祈り
⑧賛美歌斉唱
⑨弔辞・弔電

〈カトリック〉

●通夜の進行例

①聖歌合唱または黙祷《もくとう》
②聖書朗読
③司祭による説教
④お祈り
⑤献香・献花
⑥結びの祈り
⑦遺族のあいさつ

●葬儀・告別式の進行例

①開祭の儀
・入祭の奏楽　・司祭献花　・入祭の言葉
②言葉の典礼
・聖書朗読　・司祭説教　・共同の祈り
③感謝の典礼
・ミサ
④告別式
・聖歌合唱　・故人の履歴紹介
・告別の祈り　・弔辞　・弔電披露
・遺族あいさつ
・参列者の献花と聖歌

キリスト教の献花

①胸の位置に花を持って献花台に進む

②一礼し、花を自分側に向けて両手で台の上に供える

③お花を献花台に置いたら手を組み合わせるか、そのままの状態で黙祷し、ていねいに一礼する

通夜ぶるまいをする

通夜のあとにふるまう「通夜ぶるまい」

焼香が済んだ弔問客を別室に案内し、料理をふるまうのが「通夜ぶるまい」です。「けがれを清めてもらう」という意味でお酒も出しますが、宴席ではないので数時間にわたって行われることはなくせいぜい1時間程度で終わりにします。

最近の傾向としては、祭壇や棺などの見栄えにお金をかけるよりも、通夜ぶるまいなど接待にお金をかける喪家が増えているようです。のり巻やお煮しめ程度だったメインが、握りずしやオードブルなど豪華な料理に変わっています。

ただし、通夜ぶるまいの料理は地域性があり、カップ酒にのり巻きがその周辺の常識という地域もあります。

料理は何人分くらい用意するのがよいか悩みますが、会場の広さも考えて、会葬者の50～70%分をめやすに用意するのがよいようです。1人前だいたい2000円～3000円が相場です。

通夜ぶるまいでの喪主のあいさつ

通夜ぶるまいの席で、喪主など遺族は弔問客を回り、会葬のお礼を述べることが多いようですが、悲しみが深く接客できる自信がないようなら喪主はあいさつにまわらなくても大丈夫です。それ以前に、故人のそばで霊を慰めていたいということであれば、ふるまいの席に出席しなくてもかまいません。出席しても弔問客が帰るときは、喪主や遺族は、見送りに立たないのがならわしです。着席のまま、お礼を述べる程度でかまいません。

通夜ぶるまいでの喪主のマナー

①無理に席に出る必要はない

悲しみが深いようなら出席しなくてもよい

②接待を心がけなくてもよい

無理に弔問客にお礼を述べるなど接客に努めなくてもよい

③遺族がそばにいてフォローを

子などがいれば喪主である母親のそばにいてフォローを

④弔問客を見送らなくてよい

弔問客が帰る際に見送らなくてもよい

返礼品や会葬礼状を準備しておく

会葬返礼品と香典の即日返しの品の勘違い

通夜や葬儀・告別式後に、参列してくれた方へのお礼として、返礼品を手渡すのが礼儀です。お茶やタオル、ハンカチなど、1000円前後の品物が一般的です。葬儀社で用意してくれますが、とくに故人のゆかりの品物があり、それを使いたいという希望があればあらかじめ葬儀社に伝えておきます。

返礼品でよく見かけるトラブルは、香典の即日返しの品物と混同するケースです。

喪家側が返礼品に代えて、香典返しを渡したところ会葬者は「返礼品」と勘違いしたという例です。いつまでたっても香典返しが来ないので無礼な遺族だと恨んで聞いたところ、当日渡された返礼品が香典返しだったという話です。

もちろん、香典返しをするかしないか、どの程度の金額の品にするかは喪家の考え次第なので、勘違いして恨む会葬者が筋違いなのですが、返礼品を別に用意し香典返しといっしょに渡せばこうしたトラブルは防げたかもしれません。

会葬礼状は弔問客全員に渡す

会葬者に文面でお礼を述べるのが会葬礼状です。正式には葬儀後すぐに郵送しますが、最近では、葬儀後に出口で清めの塩などと一緒に手渡すケースが多くなっています。

また、通夜のみの会葬者が増えたため、通夜後に手渡すこともあります。この場合は、「会葬御礼」ではなく「御弔問御礼」とするのが本来は正式です。

黒枠または薄墨色の枠のある私製のハガキに、文面を印刷し、角封筒に入れ、「清めの塩」を同封します。葬儀社に故人や喪主の名前を替えれば使えるひな型があるので、それを利用するとよいでしょう。

会葬礼状は、途中で足りなくならないように、会葬者の予想人数よりも多めに用意しておくと安心です。

会葬礼状の例

●●伸介の葬儀および告別式に際しましては　ご多忙にもかかわらずご会葬をいただき　また丁重なるご芳志まで賜りましたこと　厚く御礼申し上げます
生前のご厚情に感謝申し上げます
本来は拝顔の上御礼申し上げるところですが　略儀ながら書中をもってご挨拶申し上げます

平成○年○月○日

喪主　●●君江
外　親戚一同

会葬礼状のポイント

①頭語、前文を省く
「拝啓」「敬具」「時候のあいさつ」「安否確認」などの全文は省き本文に入る

②段落はつけない
始まりを1字下げることなく文頭をそろえる

③句読点はつけない
会葬礼状は筆で書いていたころのならわしで句読点を用いないのがマナーとされているが、最近は読みやすさから句読点をつけることもある

出棺から火葬場までのマナー

出棺にあたっての儀式

告別式が終了したら、遺族や親族は出棺《しゅっかん》までのあいだに故人と最後のお別れをします。最後の対面に際して、葬儀社の人が祭壇《さいだん》に供《そな》えられた生花をお盆にのせて差し出してくれるので、1人一輪ずつ棺《ひつぎ》に入れて故人の周囲を花で飾ります。最後の対面を「**花入れの儀**」あるいは「**お花入れ**」と呼びます。

最後のお別れがすむと、くぎ打ちの儀式が行われます。縁の深い順に1人ずつ、こぶし大の石で、棺に軽くくぎを打ち込みます。くぎ打ちに使う小石は三《さん》途《ず》の河原の石を意味し、無事に川を渡り浄土《じょうど》へ辿《たど》りつけるように祈る儀式といわれています。

全員のくぎ打ちが終わったら葬儀社が完全に打ち込みます。ただ、この儀式は地域や宗派によって行わないこともあります。

火葬場へ向かうときのマナー

くぎ打ちが終わったら出棺です。棺は男性の親族や知人が5～6人で運びます。このとき遺体は足を先にして運びます。式場から霊柩車《れいきゅうしゃ》までは導師《どうし》が先頭に立って喪主《もしゅ》、遺族と続きます。

火葬場へは喪主、遺族、親族などが同行しますが、故人の友人などから申し出があれば、ありがたく同行してもらいます。

親しかった友人が「身内でないから」と遠慮するような場合は「故人も喜びますから」とこちらから声をかける気配りが必要です。車両の乗り方は次の通り。

①先頭の霊柩車には位牌を抱えた喪主が乗る。

②続く車両には遺影を持った遺族。僧侶が同行する場合はこの車両に乗ることが多い。

③以降は故人と血縁の深い順に、遺族・親族・友人が乗る。

火葬場に持っていくもの

火葬場へ必ず持っていくものは「**①位牌**」「**②遺影**」「**③火葬許可証**」です。位牌は故人を象徴するものなので喪主が持ち、遺影は遺族の代表者が持ちます。火葬許可証は葬儀社が預かり持参してくれるのが一般的です。

棺に入れられない愛用品

納棺のときに故人の愛用品などを入れますが、火葬にふさわしくないものは出棺のときに取り除きます。火葬場の炉の能力によって入れてよいもの、ダメなものがあるようですが、一般的にはライター、万年筆やアクセサリーなどの金属製品、メガネなどのガラス製品、プラスチック製品、厚い本や日記は紙でも燃えにくいので、棺に入れるのは避けます。

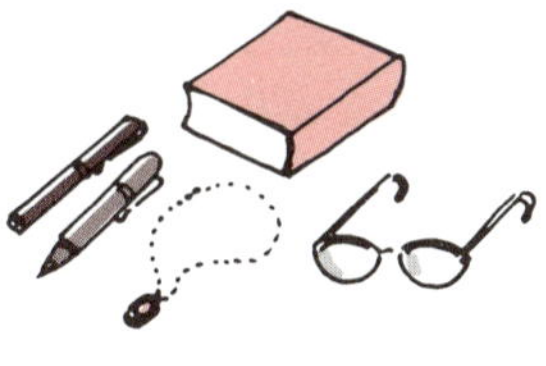

火葬と納めの式を行う

棺を安置して火葬の前に「納めの式」を行う

火葬場では、まず火葬許可証を係員に提出します。普通は葬儀社が代行してくれます。

火葬炉の前に棺《ひつぎ》を安置してもらい、炉の前の祭壇用の小机に位牌や遺影などを飾ります。ここで**「納めの式」**という最後のお別れをします。僧侶が同行していれば、読経の中で喪主↓遺族↓親族と、故人と関係の深い順に焼香をします。同行しない場合は、係員の指示に従って焼香のみを行います。

棺を炉に納めるときは、一同合掌して故人の冥福《めいふく》を祈ります。

控え室で火葬が終わるのを待つ

火葬には普通40～50分、設備によっては1～2時間ほどかかります。その間、遺族は控え室に用意された茶菓やお酒、お昼ならお弁当で、僧侶や同行者をもてなします。他の遺族も近くに待機していることが多いので、静かに過ごしましょう。なお、このときに残った菓子類は、持ち帰らないのがしきたりです。

「骨上げ」は2人1組で行う

火葬が終わったら、遺骨《いこつ》を骨《こつ》

壺《つぼ》に納める「骨上《こつあ》げ」を行います。

正式には2人1組になって、竹の箸《はし》を使って同じ骨をいっしょに挟む「箸渡し」の方法で骨を拾い、1、2片拾ったら次の組にその箸を回します。

この箸渡しは「橋渡し」に通じ、故人が無事「三途《さんず》の川」を渡れるようにという願いがこめられたしきたりといわれています。骨は喪主から関係の深い順に拾いますが、どの部分の骨から拾うかは職員の指示に従います。

神式・キリスト教の場合

神式・キリスト教式でも火葬に際して仏式と同様の儀式を行います。

◆神式

神式では火葬場に到着したら「火葬祭《かそうさい》」を行います。参列者一同「手水《ちょうず》の儀」を行い神職者の祭詞《さいし》奏上《そうじょう》のあと、礼拝し、玉串《たまぐし》奉奠《ほうてん》を行います。

◆キリスト教式

キリスト教では、牧師（神父）の祈り、聖書の朗読、賛美歌（聖歌）の合唱などが行われます。

神式・キリスト教式の場合、事前に連絡していないと仏具が整えられている場合があるので、葬儀社に確認してもらうとよいでしょう。

火葬・骨上げの流れ

①火葬許可証を提出

↓

②火葬炉の前で最後のお別れをする

↓

③火葬

↓

④骨上げ

↓

⑤骨壺と埋葬許可証を受け取る

還骨法要と初七日法要を行う

遺骨《いこつ》を迎える「還骨法要」で葬儀を締めくくる

骨上《こつあ》げが終わったら、喪主《もしゅ》が遺骨を抱えて帰途につきます。位牌《いはい》は喪主に代わって、ほかの遺族が持つことが多いようです。

自宅に戻ったら、遺骨が還《かえ》った法要を行いますが、最近は自宅ではなく、葬祭式場などでこの法要を行うケースが増えています。そのあとの精進落としの食事とセットで行われます。

この法要を「**還骨法要**《かんこつほうよう》」といいます。火葬場まで同行いただいた僧侶に読経《どきょう》をお願いします。僧侶の指示があったら、喪主から順番に焼香《しょうこう》します。

還骨法要は初七日法要を兼ねることが多い

遺骨の安置後、僧侶の読経のなか、喪主から順に焼香をします。この還骨法要で葬儀はすべて終了します。都市部では省略されることもありますが、火葬場まで僧侶に同行してもらった場合には行われるのが普通です。続けて行う精進落としの関係から、還骨法要を葬祭式場で行う喪家《そうか》も多くなっています。

初七日法要は死亡した日から数えて7日目に行われる法要です。しかし遠方の客への配慮などから、還骨法要と兼ね、1日のうちに済ませてしまうのが一般的になっています。骨迎えのお経の後、続けて初七日のお経をあげてもらうことになります。

精進落としの席は遺族が末席

法要が済んだら、遺族が「**精進落とし**」の席を設け、僧侶や世話役などを接待します。本来の精進落としは、忌明《きあ》けの四十九日まで肉や魚を口にしない決まりから解放され、通常の食事に戻るけじめの食事をいいます。最近では、還骨法要のあとにふるまうことが多いようです。

喪家はもてなす側なので、葬儀のときと違って末席に座ります。席を回って酒や料理を勧めながら、無事葬儀が終わったお礼を述べます。

開会時に喪主もしくは親族代表が、無事葬儀が終わったこと、お世話になったことのお礼を述べます。閉会時にも、喪主か親族代表があいさつをし、お開きにします。1～2時間がめどでしょう。

還骨法要・精進落としの流れ

（斎場で行う場合）

①葬儀社の係員に遺骨・位牌・遺影を渡す（係員が祭壇に安置）

↓

②僧侶の読経が流れるなかで喪主から順に焼香をする

↓

③法要終了後、精進落としの案内をする

↓

④喪主・親族代表が会葬のお礼を述べる

↓

⑤会食中、遺族が接待にあたる（葬儀社の係員が引き出物やお供物を配る）

↓ 1～2時間後

⑥会食終了のあいさつを述べてお開きにする（喪主もしくは親族代表）

出棺のときの喪主のあいさつ

◆現役世代の夫　外国出張先で亡くなった夫

みなさま、本日は、お忙しいところ、故・●●●●のために、ご会葬をいただき、ありがとうございます。

①夫は、長期出張中のブラジルで突然の病を得て、帰らぬ人となりました。享年《きょうねん》46歳でございました。 数年前から海外出張が増え、張り切って仕事をさせていただいていました。子煩悩《こぼんのう》な夫で、帰国の際にはたくさんのお土産を抱えて帰宅したものでした。

みなさまには、生前、夫が大変にお世話になりまして、本当にありがとうございました。**②また、会社のみなさまには、広島社長様から弔辞《ちょうじ》を賜《たまわ》り、さらに葬儀一式をご手配いただき、心から感謝申し上げます。**

これからは、母と子3人の生活が始まります。今後とも変らぬ、ご厚誼《こうぎ》を賜りますようお願い申し上げます。

現役世代の妻が喪主の場合、世話になった会社関係者へのお礼を述べましょう。仕事でお世話になったお礼、葬儀への協力のお礼を率直に述べましょう。

あいさつのポイント

①亡くなったときの様子を述べる
亡くなったときの様子を簡潔に述べる。感情的にならないように注意を

②手配のお礼を述べる
会社などが、葬儀一式を取り仕切ってくれる場合は、お礼を述べる

◆シニア世代の夫　雪山で遭難した80歳の夫

出棺に先立ちまして、ひと言お礼のごあいさつを申し上げます。

本日は、お忙しいところ、夫・●●●●の葬儀にご会葬・ご焼香たまわり、誠にありがとうございました。また、昨夜の通夜から引き続きご会葬いただき、ありがとうございました。

①みなさまもご承知のように、夫はいくつになっても自分を省みない子どものような人でした。80歳という年齢になって雪山に登るなんて、さすがにとめたのですが、言って聞くような人でもありません。

本人は本望だと思いますが、家族としては口惜しい気持ちが残るのも本当のところです。

そんなわがままな夫であるのにもかかわらず、このようにたくさんの方にお参りいただき、あらためて夫の魅力を思い返した次第です。**②生前はひとかたならぬご交誼・ご厚情をいただき本当にありがとうございました。**

本日は、長時間にわたりましてのご会葬・お見送り、誠にありがとうございました。

簡単ではございますが、これをもちまして出棺のあいさつにかえさせていただきます。

すでに退職しているシニア世代の夫であれば、親しくしていただいた友人や知人など生前世話になった方々に、厚誼へのお礼と弔問のお礼を述べましょう。生前の夫の様子や人柄などに触れて、夫をしのびます。

あいさつのポイント

①夫の性格
死を招いた夫の子どものような性格を回想する

②生前のお礼
わがままな夫につき合ってくれた友人にお礼を述べる

精進落としでの施主のあいさつ

◆現役世代の夫　子どもを立派なおとなに育てる決意

　みなさまには、葬儀・告別式から長時間にわたり故人をお見送りいただき、誠にありがとうございました。また、**①ご導師さまにはごていねいな回向《えこう》をいただき**、おかげさまで還骨法要《かんこつほうよう》並びに初七日法要を無事に終えることができました。

　夫は道半ばで亡くなり、仕事においても家庭においてもやり残したことが多かったと思います。訃報を聞いたときは目の前が真っ暗になりましたが、**②わたくしもこれから、母親として、小さな子どもを育てていかなくてはいけません。**いつまでも悲しんではいられません。いつか夫からがんばったねとほめられるくらい、子どもたちをやさしい立派なおとなに育てるつもりです。どうか、お守りくださいませ。

　本日は精進料理の粗餐《そさん》を用意しましたので、どうぞお召し上がりください。

葬儀・告別式でお世話になった方々や、弔問に見えたお客さまに長時間おつき合いいただいたことへの感謝の気持ちを伝え、遺児を立派に育てる覚悟を表明します。

あいさつのポイント

①**僧侶へのお礼**
　葬儀を執り行ってくれた導師にお礼を述べる

②**母親としての決意**
　葬儀が終わって、夫亡きあと、残された子を立派に育てる決意を精進落としの場で表明する

◆シニア世代の夫　長い療養生活を経た夫

みなさま、本日はありがとうございました。

身内のみなさまをはじめ、夫の勤務した会社のご同僚のみなさま、学生時代のご友人のみなさま、そして、町内会のみなさま、このようなたくさんのみなさまにお見送りいただき、夫もさぞや喜んでいることに違いありません。

いまは亡き夫●●●●は、荼毘《だび》に付され、あの世に旅立ちました。ご導師さまをはじめ、みなさまには、ごていねいにご供養をいただき、本当にありがとうございました。

結婚生活は、ちょうど50年間でございました。長かったようでもあり、あっという間だったようでもあります。**①夫は6年前に脳こうそくで倒れ**、病院での療養生活が続きました。それでも、もう夫はいないのだという事実を噛み締めるとさびしい気持ちでいっぱいになります。

これからは、天から見守ってくれることでございましょう。みなさまには、今後も、私どもへ一層のご厚情《こうじょう》をいただけますようお願いいたします。
②ささやかではございますが、精進落としの酒肴《しゅこう》をご用意しております。何もございませんが、しばし、くつろいで、お通夜からのお疲れをゆっくりと癒《いや》していただけますようお願い申し上げます。

長い療養生活の末に旅立った夫の生前の様子を淡々と語ります。夫亡きあとも、これまでと変わらない厚情をいただけるようにお願いして精進料理をお勧めします。

あいさつのポイント

①夫の晩年の様子
脳こうそくで倒れた晩年の様子を語るとともに亡くなったさびしさを訴える

②関係者の労をねぎらう
精進落としには、喪主および遺族が、世話役などの労をねぎらう意味がある

C O L U M N

葬儀後の事務の引き継ぎでの注意点

●葬儀が終わったらその日に引き継ぎを

葬儀が終わったら、遺族は世話役にお願いしていた葬儀事務を引き継ぎます。後日集まってもらうのも大変でしょうから、精進落としのあとに行えれば最適です。世話役から受け取るものは、①会葬者名簿と名刺、②香典と香典帳、③供物供花の記録帳、④弔辞と弔電、⑤出納帳と「請求書・領収書・納品書の類」です。とくに香典帳と出納帳は不明な点があるとあとでしこりが残るので、世話役と遺族の立ち合いのもとで確認しながら引き継ぎましょう。

●葬儀費用は相続税の控除対象になる

遺族が出納帳をチェックするときは、世話役によって整理された請求書・領収書・納品書類と出金・未払い金が合っているか確認していきます。葬儀に関する費用は相続税を計算するときに遺産総額から差し引くことができますので、出納帳はできる限り細かく正確に記帳し、領収書などは必ず受け取っておきます。

差し引くことのできる葬儀費用には、ふるまい料理や寺院へのお布施も含まれるので「おしるしをお願いいたします」と僧侶から領収書をいただくようにしましょう。

●立て替えなどしてもらっていたら

葬儀は細かい出金が意外に多いので、世話役の方が自分の財布から立て替えてくれている場合もあります。少額だと言い出しにくいものなので、遺族はその点を配慮し、数十円でも立て替えてもらっていたらお礼を言って、その場で精算しましょう。

第3章

葬儀が終わってからの手続き

近所や知り合いにあいさつ回りをする

あいさつ回りは遅くとも初七日までに済ませる

葬儀後のあいさつは、葬儀の翌日か翌々日、遅くとも初七日までに済ませます。基本的には、喪主がもう1人の遺族とともに回り、長居しないのがマナーです。

服装は、ブラックフォーマルが望ましいのですが、葬儀後2～3日たっているなら、地味な平服で構いません。

あいさつ回りに行くところは、寺院・神社・教会などの宗教者、葬儀委員長（世話役代表）や葬儀でとくにお世話になった人（世話役）、会葬者でとくに地位の高い人、町内会役員、病院・医療関係者、親族、隣近所、夫と親交が深かった人、会社関係の人などです。

はじめに宗教者へあいさつに行く

できれば葬儀の翌日に、今後の法要の相談もかねて、まず宗教者へあいさつに伺います。

謝礼を済ませていない場合はこのときに持参しますが、最近では、葬儀当日にお礼を渡し、あいさつ回りを省略することも多いようです。

世話役へは立て替えの確認も忘れずに

世話役の方には、お礼の言葉をそえて金品などを渡しますが、葬儀当日に御車代を渡して、あいさつ回りに代えることも増えています。

また、香典や会葬者名簿など、すでに事務の引き継ぎは済ませていると思いますが、現金の立て替えなどがなかったか、忘れずに確認しましょう。

自宅葬の際は近所へのあいさつを早めに

一般的に、宗教者へのあいさつのあとは、故人との関係が深かった人から順にあいさつしますが、自宅で葬儀を行った場合は、近所へのあいさつを早めに済ませます。車の出入りや弔問客の往来で迷惑をかけていることもあるので、菓子折りなどを持参し、おわびとともに無事に葬儀を終えたことを報告しましょう。

町内会とのつながりが強い地域などは、町内会長にあいさつのしかたなど、お伺いを立てたほうがよいでしょう。

また、近所づき合いが少なく、斎場などで葬儀を行った場合は、参列者に会葬礼状を渡し、あいさつとお礼に代えます。

病院へのあいさつに心づけは不要

夫が入院していた病院への心づけは不要ですが、あいさつだけでは気が済まないようなら、菓子折りなどを持参してもよいでしょう。

お礼のめやす

渡す相手		
世話役代表	1～2万円	喪主より目上の場合は、現金を避けることもある
世話役	5,000円～1万円	御車代として渡す
隣近所	菓子折り、ビール券など	2,000円～3,000円程度のもの

お礼のめやすは、地域や葬儀の規模などによって異なるため、葬儀社などに相談する

現役世代 葬儀後の夫の会社へのあいさつ

夫の会社へ行くときは事前に電話する

夫の会社へのあいさつは、葬儀後1週間くらいをめやすに伺いましょう。その際、必ず事前に電話をし、夫の上司に日時の確認をすることが大切です。

服装は地味な平服で構いません。菓子折りなどを持参するときは、夫の所属部署の人数にもよりますが、五千円程度をめやすとするとよいでしょう。

あいさつは一般的に、上司、同僚、部下の順で個別に行います。その際、葬儀を手伝ってくれたり参列してもらった人には、生前にお世話になったお礼とともに謝意を伝えましょう。

会社へ持参するものは事前に確認する

夫が亡くなったことで、会社に返却したり提出しなければならないものや、会社で手続きを行ってもらうために持参したほうがよいものがあります。

相手の手間を増やさないよう事前の電話で確認し、必要書類などは早めに準備しましょう。

私物は了承を得て持って帰る

デスクやロッカーなどに置いてある私物は了承を得て持って帰ります。

情報管理が厳しい会社では、すでに私物がまとめられていることもあります。自分で荷物をまとめる場合は、最後にすべて私物であることを確認してもらうとよいでしょう。

現役世代 夫の会社で行う手続きはこれだけある

■会社に依頼する手続き

種類	内容
健康保険の埋葬料（費）の請求（104ページ参照）	健康保険の加入者が在職中、もしくは退職後3カ月以内に死亡した場合に支給される
健康保険の資格喪失証明書の発行	妻が国民健康保険などの加入手続きをするときに必要となる
死亡退職金、最終給与、財形・社内預金、企業年金、団体生命保険などの確認	相続手続きの際に必要

※遺族厚生（共済）年金は遺族が請求すべきものですが、会社が代理人として請求することも可能。請求人の委任状、住民票などが必要となるので会社と相談を

■会社に提出するもの

年末調整に必要な書類
・保険料控除申告書兼配偶者特別控除申告書
・扶養控除等（異動）申告書　など

■会社に返却するもの

社員証
健康保険被保険者証
社章バッジ
ユニフォーム、鍵　など

遺品を整理する

「保存」「処分」「寄付」の3つに分類する

夫の葬儀が終わり、一段落したら遺品の整理をしましょう。気持ちの整理にもなるので、お世話になった方へのあいさつ回りが済んだら、日をおかず取りかかりたいものです。

遺品は、保存しておくもの、処分するもの、形見分けや寄付するものに分類します。

①保存しておくもの

日記、手帳、住所録、手紙の類は、後日必要になることもあるので、1年くらいは保存しておきたいものです。

預金通帳や株券、借用書、年金手帳や実印はひとまとめにして大切に保管しておきます。

もし夫の仕事関係の書類や資料などが出てきたら、勝手に破棄したりせずに、関係者に相談しましょう。

夫が自営業だった場合、仕事に関する書類は、あとで過去の所得税が問題になる場合があることから、7年間の保存が義務づけられています。

②処分するもの

自宅で不要になったものは、遺族の手で処分します。遺品の数が多く、整理や処分に困ったら、遺品整理業者に引き取りを依頼するのもひとつの方法です。

③形見分けするもの寄付するもの

遺品を寄付したいときは、市区町村役場の福祉課に相談するとよいでしょう。役所で遺品の内容に適切な寄付先を紹介してくれます。

遺品整理業者に依頼できることは？

「遺品の量が多すぎる」「遠方に住んでいて時間がとれない」「思い出に浸ってしまい、遺品が片づけられない」。最近は、そんな理由から遺品の整理を専門業者に頼む人も増えてきました。大事な遺品の整理だけ遺族が行って、細々とした品の整理は業者に依頼すれば、早く片づきます。葬儀社の人に聞けば、遺品整理業者を紹介してくれるでしょう。

遺品整理サービスの流れ（例）

①申し込み

↓

②見積り

部屋の状況を確認したら見積書を提出してくれます。そのあと作業日がきまります。

↓

③遺品の整理・仕分け・梱包

↓

④遺品の搬出・掃除

遺品を運び出したあと、部屋を掃除してくれます。要望によっては部屋の消毒・脱臭も行ってくれます。

↓

⑤指定先への搬送

要望に応じて大型の家具や家電などの搬送も行ってくれます。

遺品整理サービスの料金（例）

1K（作業員2名）	6万円～
2DK（作業員3名）	18万円～

パソコンの処分に要注意！

夫が使っていたパソコンのなかには、個人情報が想像以上に入っている可能性があります。一度書きこまれたデータは、ディスクを初期化して消去したつもりでも、実はハードディスク上に残っています。完全に消去するには、専用のソフトや、中古パソコン店などの完全消去サービスなど、さまざまな方法があります。的確な方法を選んで処分しましょう。

形見分けをする

形見分けは四十九日の忌明けに行う

　形見分けは、仏式の場合、一般的に四十九日の忌《き》明《あ》けの法要を済ませてから行いますが、三十五日を忌明けとする際は、それを機に行います。

　神式では三十日祭や五十日祭をめやすに忌明けとすることが多く、キリスト教では形見分けの習慣はありませんが、1カ月後の召天記念日をめやすに行うことがあるようです。

受け取る人が喜んでくれるものを贈る

　形見分けは、故人と親交があった人に遺品を贈り、故人を偲んでもらうためのものです。

　贈られた人が心から喜んでくれる品物を選び、相手の意思を確認してから贈りましょう。

　形見分けの品物として選ばれるのは、衣類、装身具、時計、万年筆、書籍、手紙、家具などさまざまですが、あまり高価な宝石や貴金属は相続税が課せられる場合があるので注意が必要です。

手入れしてから贈るのがマナー

　遺言にあるものや受け取る人が希望するもの以外は、傷みや汚れの激しいものは避けましょう。

　品物はきれいに手入れし、衣類などはクリーニングに出すなどして贈るのがマナーです。古い着物は、洋服や小物にリフォームして贈ってもよいでしょう。

形見分けのマナー

①目上の人に形見分けはしない

故人からみて目上の人に形見分けをするのは失礼にあたる。ただし希望があれば、目上の人に形見分けしても構わない

②品物は包装しない

箱に入れたり包装したりせず、半紙などで包んで、直接手渡しする。ただし、箱に入った装身具や美術品は箱のまま渡してよい

③受け取る人の意思を確認する

故人のものなら何でも贈ればいいというものではない。また、遺言などがない限り、品物の価値が平等になるように分ける

④手入れしてから贈る

ほこりや汚れは拭き取り、衣類はクリーニングに出すなどして手入れする。リフォームして贈るのも１つの方法

日をおいた香典返しのマナー

古くからの慣習である忌明け返し

近年、通夜や葬儀の当日に、香典のお礼として品物を渡す「**即日返し**」が増えていますが、これに対し、古くからの慣習として残るのが「**忌明け返し**」です。

一般的には、四十九日の法要後に忌明けの報告を兼ねたお礼状を添えて贈りますが、四十九日が年末年始にかかる場合などは、三十五日を忌明けとし、香典返しを行います。

基本的に、神式やキリスト教では香典返しを行いませんが、神式では三十日祭もしくは五十日祭のあと、キリスト教では召天記念日のあとに、お返しをすることもあります。

半額から3分の1が香典返しの相場

品物の金額は、香典の半額から3分の1が相場とされています。香典の金額に合わせて3段階くらいの金額の品物を用意するとよいでしょう。よく選ばれるのは、石けん、お茶、タオルなどの日用品です。

夫を亡くしたときは香典返しをしなくてもよい

香典には本来、遺族を経済的に助けるという意味合いがあります。とくに、一家の大黒柱である夫が亡くなった場合は、遺族の生活費に充ててよいとされているため、必ず香典返しをする必要はありません。

香典返しのマナー

①香典返しの相場は…

香典の半額～3分の1。家計を担う夫が亡くなった場合、お返しをしなくてもよい

②高額な香典をもらったとき…

品物だけでお返しをせず、商品券やカタログギフトを添えることもある

③複数人から連名の香典をもらったら…

金額にもよるが、1人1人にお返しをしなくてもよい。香典の3分の1くらいの金額をめやすに、お菓子やお茶などをお返しする方法もある

④香典返しをしないときは…

香典の使いみちを書き加えたあいさつ状を送る。故人の遺志で福祉施設に寄付したときなども同様

香典返しの品物のいわれ

お茶

お茶を飲んで、故人を偲んで欲しい

石けん

不幸を洗い流す

砂糖

白装束の色にかけて仏の世界に旅立つという意味

陶器

かつては土葬していたことから、亡くなって土に帰るという意味

お世話になった方や会葬者へのお礼の手紙

忌明けあいさつ状は香典返しに添える

四十九日（七七日《なななのか》）もしくは三十五日（五七日《いつなのか》）の忌が明けたら、故人が生前お世話になった人や会葬者に「**忌明けあいさつ状**」を送ります。

通常は、香典返しに添えることが多いのですが、香典返しをしない場合や、香典返しの必要がない弔電だけをもらった人などにも、あいさつ状を送ります。

お礼状の定型は薄墨で縁取られた私製はがき、もしくはカードで、これを一重の白封筒に入れます。よりていねいにするときは、和紙（巻き紙奉書紙）に手書きまたは印刷し、奉書封筒に入れます。封筒の表面には、中央に縦書きで「あいさつ状」と書き、裏面には、喪主の住所、氏名を書きます。

お礼状の文面のポイント

文面は、葬儀社やデパートなどに用意されている定型文を利用すると便利ですが、次の内容が記されていることが大切です。

①**葬儀・告別式での弔問・会葬に対する感謝のことば**
②**忌明けの法要の報告**
③**香典についての謝意**

香典返しをしない場合は、その理由も書き加えます。

また、あいさつ状の文中には句読点（「、」や「。」）を使いません。この理由は諸説ありますが、葬儀や法事が滞りなく流れますようにという意味などを込めているようです。

忌明けあいさつ状の例

例1　香典返しに添える場合

謹啓
益々御清栄の御事と御慶び申し上げます
先般　夫○○儀永眠の際は御丁寧なお悔やみ並びに御供物を賜り誠に有難く厚く御礼申し上げます
お蔭をもちまして　本日　○○○○○○○○(戒名)七七日忌に当りますので内々にて法要を営み供養の御印までに心許りの品をお送り致しました
何卒御受納下さいますようお願い申し上げます
略儀ながら書状をもちまして御挨拶申し上げます
敬具
平成○年○月○日
○○○○

例2　香典返しをしない場合

謹啓
先般　夫○○儀永眠の際はご多忙中にもかかわらずご会葬くださりそのうえご丁寧なご芳志まで賜りまして誠に有難く厚く御礼を申し上げます
本日　○○○○○○○○(戒名)の七七日忌にあたり内々にて法要を営みました　つきましては皆様から頂戴いたしました御厚志を甚だ勝手を申すことになりますが故人の供養料と遺されました私共の生計費にあてさせて戴きたくご了承賜りますようお願い申し上げます
まずは略儀ながら書中をもって謹んでお礼まで御挨拶申し上げます
敬白
平成○年○月○日
○○○○

名義変更の手続きをする

夫が世帯主の場合「世帯主変更届」が必要

夫の名義はいつまでもそのままにしておかずに、相続に関わらずすみやかに変更できるものは届出をしましょう。

世帯主だった夫が亡くなった場合、死後14日以内に、「**世帯主変更届**」を市区町村役場に提出します。

ただし、遺された家族が、妻1人の場合や、妻と幼い子どもの場合など新しく世帯主になる人が明白な場合は、あえて世帯主変更届を出す必要はありません。

公共料金の支払いが夫名義の口座からの場合

夫の口座は、死亡届が受理された直後に凍結されてしまいます。公共料金などの支払いが夫名義の口座から引き落とされている場合、すみやかに各事業所に名義変更の届出をし、金融機関の窓口で口座振替の手続きを行いましょう。

年金と介護保険料は手続きで還ってくることも

年金を受給していた人が死亡した場合は、「年金受給権者死亡届（報告書）」などを提出します。その際、未払い分がある場合は、「未支給（保険給付・年金）請求書」も同時に提出しましょう。

また、要介護認定を受けていた場合は、「介護保険被保険者証」を返還し、未納分や納めすぎがある場合は相続人が精算します。

夫の葬式後の主な変更手続き

手続き内容	期限	手続き先
世帯主変更届	死後14日以内	市区町村役場
公共料金 (電気・ガス・水道・NHK)	すみやかに	各事業所、NHKは名義 変更フリーダイヤル
固定電話の加入権		
借地、借家		契約先
住宅ローン	できれば6カ月以内	借入金融機関
預貯金の相続	相続（151ページ～） 後すみやかに	各金融機関
不動産		地方法務局
株式・社債・国債		各証券会社など
自動車所有権	相続扱いになる	陸運事務局

返却、脱退、解約などが必要なもの

手続内容	期限	手続先
自動車免許証	すみやかに	警察（公安委員会）
クレジットカード		各クレジット会社
パスポート		各都道府県の旅券課
携帯電話、プロバイダー		各会社
デパート、クラブなどの会員		
無料バスや障害者手帳		市区町村福祉事務所 など発行機関
年金受給停止手続き	死後10日以内 (国民年金は14日以内)	市区町村役場または 年金事務所
資格喪失届、被保険者証の 返還（故人が国保・後期高齢者 医療の場合）	死後14日以内	市区町村役場
介護保険資格喪失届		

現役世代

妻が被扶養者の場合の手続き

会社員の夫が死亡すると妻の被保険者資格も喪失

夫が死亡すると、会社で加入していた健康保険の被保険者資格が死亡日の翌日に喪失し、被扶養者である妻の被保険者資格も同時に失ってしまいます。

そのため、妻は国民健康保険に加入するか、ほかの家族の被扶養者になる手続きが必要になります。また、60歳未満の妻は国民年金の種別変更手続きをとる必要があります。

国民健康保険に加入する

国民健康保険の加入手続きは、死亡日の翌日から14日以内に、市区町村の窓口で行います。

手続きには、健康保険の資格喪失証明書と印鑑が必要です。本人確認できるもの（パスポート、運転免許証など）があれば、即日交付されます。また、家族の中ですでに加入している人がいる場合は、交付されている被保険者証を提出します。

国民年金の種別変更を行う

国民年金は、これまでの第3号から第1号への種別変更手続きが必要です。「**国民年金被保険者種別変更届**」に年金手帳、印鑑、資格喪失届などを添付して、14日以内に市区町村の窓口で手続きを行います。インターネットの環境が整っていれば、総務省が運営する「イーガブ」のサイトから電子申請システムを利用することもできます。

国民健康保険の加入手続き

必要なもの	健康保険の資格喪失証明書、印鑑。すでに加入している家族がいる場合は、その被保険者証 ※本人確認できるもの（パスポート、運転免許証など）があれば即日交付される
期限	死亡日の翌日から14日以内
手続き先	住所地の市区町村の窓口
手続きが遅れたとき	死亡日の翌日からの保険料をさかのぼって納める。支払わないと延滞金がかかり、滞納が1年未満の場合は有効期間が短い「短期被保険者証」に変更される
どうしても保険料を納められないとき	減免の申請をすると、減額や支払い免除になることがある

国民年金の種別変更手続き

必要なもの	年金手帳、印鑑など
期限	死亡日の翌日から14日以内
手続き先	住所地の市区町村の窓口 イーガブのサイト（※）(http://www.e-gov.go.jp/index.html）から電子申請も可能
手続きが遅れたとき	手続きが2年以上遅れて未納期間が発生した場合、「時効消滅不整合期間に係る特定期間該当届」を提出する。未納期間を、年金を受けとるための「受給資格期間」に算入できる。さらに「特例追納」の申し込みをし、未納分を納付することで、受給金額に反映される ※「特例追納」は、平成27年4月1日～30年3月31日までの時限措置
どうしても保険料を納められないとき	保険料免除・納付猶予制度の手続きを行えば、一部または全額の保険料免除、もしくは納付が猶予されることがある

※イーガブ（e-Gov）＝総務省が運営する総合的な行政の情報ポータルサイト。電子政府の総合窓口

健康保険から葬祭費や埋葬料を受け取る

国民健康保険などに葬祭費を請求する

国民健康保険または後期高齢者医療制度の被保険者が亡くなった場合、葬儀を行った家族に対して、「**葬祭費**《そうさいひ》」が支給されます。

国民健康保険は地方公共団体が運営しているため、金額は自治体によって異なりますが、おおむね5万円前後です。保険料に未納期間があると差し引かれる場合もあります。

また、以前加入していた健康保険などから葬祭費や埋葬料などが支払われた場合や、交通事故などの死亡原因で第三者から賠償を受ける場合は支給されません。

健康保険に埋葬料を請求する

夫が企業や団体の健康保険に加入していた場合は、埋葬を行った家族に、「**埋葬料**《まいそうりょう》」が支給されます。また、故人が被保険者の資格を失ったあとでも、3カ月以内の死亡であれば、埋葬料を請求することができます。

ただし、死亡原因が業務上災害や通勤災害の場合は、健康保険から埋葬料は支給されず、労災保険から「葬祭料（通勤災害の場合は「葬祭給付」）」が支給されます。

加入団体によっては、埋葬料のほかに別途給付がつくこともあるので問い合わせてみましょう。

葬祭費、埋葬料のいずれも、請求しなければ支払われないため、忘れずに手続きしましょう。

葬祭費や埋葬料の申請方法

■国民健康保険、後期高齢者医療の加入者の場合

申請できる人	葬儀を行った家族
申請先	市区町村役場の国民健康保険担当窓口または後期高齢者医療担当窓口
申請書類	国民健康保険（後期高齢者医療）葬祭費支給申請書
必要書類（自治体によって異なる）	・被保険者証 ・死亡診断書 ・葬儀費用の領収書 （ない場合は、葬儀社の電話番号、会葬礼状など、喪主が確認できるもの） ・印鑑　・口座振替依頼書　など
申請期限	葬儀を行った翌日から2年以内

■健康保険の加入者の場合

申請できる人	埋葬を行った家族 （被保険者によって生計を維持されていた人であれば親族や遺族でなくてもよい） ※**埋葬費の法定給付**＝50,000円、付加給付制度のある健康保険組合もある
申請先	・故人の勤務先の健康保険組合 ・勤務先の管轄の協会けんぽ支部（会社から申請する）
申請書類	健康保険組合　埋葬料（費）請求書 協会けんぽ　健康保険埋葬料（費）申請書
必要書類（加入団体によって異なる）	・被保険者証 ・埋葬許可証、または死亡診断書の写し ・遺族がいない場合は葬儀費用の領収書（ない場合は、葬儀社の電話番号、会葬礼状など） ・印鑑　・口座振替依頼書　など
申請期限	死亡日の翌日から2年以内

各種の手続き

夫が生命保険に加入していたら

生命保険の請求には時効がある

生命保険には、個人で契約する生命保険会社の「生命保険」や、勤務先や団体を通じて加入する「団体保険」、財形制度で利用できる「財形保険」などがあります。

いずれも請求手続きをしなければ受け取れず、通常、死亡保険金は、死亡後2年以内に請求しないと権利が消滅してしまうため、期限内に必ず請求しましょう。

とくに、勤務先で加入している生命保険は、妻が把握していない場合があります。団体保険は会社が受取人になっていることもありますので、もしものことに備え生前に確認しておいたほうがよいでしょう。

受取人が保険会社に請求の連絡をする

死亡保険金を請求するときは、受取人に指定されている人が保険会社に連絡し、必要な請求書類を送ってもらいます。

提出の際に添付する書類には、葬儀後に行うほかの手続きでも必要なものがあるので、1度にまとめて取得すると手間が省けます。

保険会社によって支払い内容が確認されれば、通常、約1週間で、指定の口座に保険金が振り込まれます。

また、死亡した夫が保険契約者で、妻や子が被保険者の場合、名義の書き換えが必要になります。

死亡保険金を受け取るまでの流れ

①夫が死亡

↓

②保険金受取人（または相続人）が保険会社に連絡する

・保険証書番号
・夫の氏名
・死亡日時
・死因

左記の内容を口頭または書面で伝える

↓

③保険会社から「死亡保険金支払請求書」が送られてくる

↓

④下記の資料を添付し、書類を提出する

〈保険金の請求期限内でないと権利は消滅する（通常2、3年）〉

・保険証書
・最後の保険料の領収書
・死亡診断書または死体検案書
・死亡した人の戸籍抄本
・受取人全員の戸籍抄本
・受取人全員の印鑑証明と登録印
・振込口座番号　など

※必要な書類は保険会社によって異なる

↓

⑤保険会社が支払い内容の確認（支払可否判断）

↓

⑥約１週間で、保険金が振り込まれる

※一時金で受け取る以外に、全部あるいは一部を年金で受け取ったり、所定の利率で保険会社に据え置くこともできる（会社によって異なる）

保険金が支払われないケース

・被保険者が保険契約から一定期間（１～３年）のうちに自殺したとき
・契約時に病歴や健康状態が正しく告知されてなかったとき
・詐欺や不法な取得目的によるとき

現役世代 故人に代わって確定申告をする

故人の死亡日までの所得を申告する準確定申告

夫の確定申告は相続人が代わって行います（準確定申告）。

通常の確定申告は、1月1日から12月31日までの1年間の所得について申告するものですが、準確定申告は、1月1日から故人の死亡日までの所得を計算します。死亡日が、1月1日から確定申告の期限である3月15日までのあいだのときは、前年分の確定申告も必要です。

準確定申告は相続手続きの際に必要

準確定申告は、夫が死亡し、相続の開始があったことを知った日の翌日から4カ月以内に、故人の住所地の税務署に提出します。期限を過ぎると、延滞税がかかるので注意しましょう。

夫が会社員の場合、死亡後に勤務先で年末調整を行っていれば申告の必要はありません。しかし、2カ所以上から給与を受け取っていた場合や、年収が2千万円以上ある場合、給与所得や退職金以外の所得が20万円以上ある場合などは、申告が必要となります。また、死亡日までに支払った医療費控除を受ける際にも必要です。

準確定申告によって所得税が還付されるときは相続財産に含めます。納税が発生し、相続人が負担したときは相続財産から控除することができます。相続の手続きをスムーズに行うためにも、早めに申告の準備をしましょう。

準確定申告に必要なもの

①故人の源泉徴収票（自営業の場合は死亡日までの決算書）
②所得の内訳書
③生命保険・損害保険の領収書
④医療費の領収書
⑤相続人の印鑑
⑥申告者の身分証明書（運転免許証など）

準確定申告で控除されるもの

医療費控除

➡ 死亡日までに故人が支払った医療費が対象。死亡後に、相続人が故人の入院費などを支払った場合は控除できない

社会保険料、生命保険料、地震保険料控除　など

➡ 死亡日までに故人が支払った保険料などが対象

配偶者控除、扶養控除　など

➡ 親族関係や、その親族の1年間の合計所得金額の見積もりなど、死亡日の現況によって判定する

相続人が2人以上いる場合

・同一の書類に相続人が名前を並べて署名する

・法定相続人が確定していない場合は、相続人の代表者が申告する

・準確定申告で生じた所得税は、相続分の割合に応じて振り分ける

・遺言がある場合は、遺言の指定相続分に従って計算する

手続きに必要な書類の取り方

手続きのたびに何通もの書類が必要になる

夫の死後、金融機関の口座解約や名義変更、保険金・年金の請求、相続手続きなどに必要となる書類がたくさんあります。

手続きのたびに取得するのは手間がかかるので、それぞれ何通必要かを確認し、まとめて取りましょう。

本籍地でしか取れない書類は郵送してもらう

印鑑証明書は、印鑑登録した市区町村（住民登録地）役場に印鑑登録証を提出して取得します。

身分証明書や戸籍・除籍関係の書類は、本籍地の市区町村役場の窓口で取得します。本籍地が遠い場合は郵送してもらいましょう。その際、受取りまで1週間程度は必要となるため、余裕をもって請求することが大切です。

住民票は、住所地の市区町村役場で取得できるほか、住民基本台帳ネットワークシステム（住基ネット）を利用すれば住所地以外でも取得することができます。

請求には本人確認や委任状が必要

住民票や戸籍関係の書類の取得には、運転免許証や写真付き住民基本台帳カードなど、本人確認できるものが必要です。

また、本人以外が身分証明書を請求するときや、同じ戸籍でない人が戸籍謄本や抄本を請求するときは、委任状が必要です。

手続きに必要な主な書類

書類	内容	申請手数料（1通につき）	取り方（印鑑登録証以外は郵送での請求が可能）
印鑑登録証明書	本人が登録している印が実印であることを証明する	300円前後	登録している市区町村（住民登録地）役場
住民票	住民の居住関係を公証する	300円前後	住所地の市区町村役場、住基ネットであれば住所地以外でも可能
身分証明書	・破産者名簿に記録がない ・禁治産者、準禁治産者の宣告の通知を受けていない（平成12年3月31日以前に） ・後見の登記の通知を受けていないことを証明する（平成12年4月1日以降に）	300円前後	本籍地の市区町村役場
戸籍謄本	戸籍に記載されている人全員の身分関係を公証する（全部事項証明）	450円前後	
戸籍抄本	戸籍原本から指定した人だけを写したもの（個人事項証明）	450円前後	
除籍謄本	一戸籍内の全員が、結婚、死亡、分籍、転籍などで除籍されたときの戸籍で、全員分を写したもの（除籍全部事項証明）	750円前後	
除籍抄本	除籍に記載された人のうち、指定した人だけを写したもの（除籍個人事項証明）	750円前後	
戸籍記載事項証明	戸籍の中に記載されている必要事項だけを抜き出して証明する（死亡届の写しなど）	350円前後	
戸籍届書受理証明	戸籍の届出が受理されたことを証明する（死亡届など）	350円前後	届出の受理地の市区町村役場

遺族年金を請求する

夫が死亡したときにもらえる年金

夫が死亡した場合、一定の条件を満たした遺族は遺族年金を受給することができます。ただし夫が加入していた制度によって受給できる年金が異なります。夫が国民年金に加入していたら**「遺族基礎年金」**、厚生年金に加入していたら**「遺族厚生年金」**、共済年金に加入していた場合は**「遺族共済年金」**です。国民年金には独自の給付として**「寡婦年金」**、**「死亡一時金」**もあります。

遺族基礎年金を受給できる遺族の範囲は、18歳到達の年度の末日（3月31日）までの子どものいる配偶者、または子どもです。遺族厚生年金は受給できる遺族の範囲が広く、生計維持されている配偶者、子ども、父母、孫、祖父母です。妻以外は年齢などの要件があります。

遺族年金を請求できる妻は、生計維持をされていて、年収850万円未満であることが条件になります。この生計維持は必ずしも戸籍上の妻に限らず事実婚関係にある内縁の妻も含まれます。ただ、本妻がいる場合は生計維持関係の強い方が認められることになります。

遺族基礎年金は子どもが18歳の年度末に達したときに終了します。また、遺族年金は妻が再婚した場合そこで終了になります。再婚相手と離婚しても一度終了した遺族年金が再度支払われることはありません。

遺族年金の基本を知ろう

	遺族基礎年金	遺族厚生年金
受給するための要件	・国民年金の被保険者であった60歳から65歳までの日本国内に住んでいる人が死亡したとき (ただし、死亡した日の前々月までに加入すべき期間のうち2/3以上が保険料納付済期間か免除期間であること。または死亡した日の前々月までの1年間に未納期間がないこと) ・老齢基礎年金を受給中または受給資格期間を満たした者が死亡したとき	・被保険者が死亡したとき、または被保険者期間中の傷病がもとで初診の日から5年以内に死亡したとき(ただし、死亡した日の前々月までに加入すべき期間のうち2/3以上が保険料納付済期間、または免除期間であること。または死亡した日の前々月までの1年間に未納がないこと) ・老齢厚生年金を受給中、または受給資格期間を満たしたものが死亡したとき ・障害厚生年金1,2級を受けられる者が死亡したとき
受給できる人	生計維持されている子どものいる配偶者または子ども (子どもは18歳の年度末まで、障害等級1、2級の子は20歳未満)	生計維持されている、配偶者、子ども、父母、孫、祖父母 (妻には年齢制限はなし。夫、父母、祖父母は55歳以上で受給は60歳から。子ども、孫は18歳年度末まで、障害等級1、2級の子、孫は20歳未満)
受給できる金額	772,800円(平成26年度の金額)+子の加算額(加算額は2人目までは、1人222,400円、3人目以降は1人につき74,100円)	死亡した夫の老齢厚生年金の4分の3

※遺族基礎年金は、子どもが18歳の年度末(障害等級1,2級の子どもは20歳に達するまで)で終了(消滅)する

※遺族厚生年金を受給できる妻に18歳年度末までの子どもがいる場合は、あわせて遺族基礎年金を受給することができる

現役世代の遺族年金

遺族基礎年金は一定額

国民年金に加入中の夫が亡くなったとき、子どものいる妻はその子が18歳の年度末になるまで遺族基礎年金を受給することができます。

年金額は772、800円（平成26年度の金額）＋子どもの人数によっての加算額です。年金は一定額で、若くして亡くなり加入月数が少なくても年金額は保障されます。そのため国民年金に加入中の夫の死亡の場合、夫の保険料納付状態が問われます。死亡までの保険料が納付すべき期間の3分の2以上納付済期間か免除期間であること、または死亡までの直近一年間に未納期間がないことです。

遺族厚生年金には、300月のみなし計算方法がある

厚生年金に加入中の夫が死亡した場合、妻は遺族厚生年金を受給できます。年金額は死亡した夫の老齢厚生年金の4分の3ですが、老齢厚生年金は加入月数によって年金額が変わるため厚生年金に加入したばかりの夫が死亡した場合、年金額が少なくなってしまいます。

そこで厚生年金に加入中の死亡の場合は加入月数を25年（300月）とみなして計算することとされています。ただし、この場合も遺族基礎年金のときと同じように死亡した夫の保険料納付状態が問われます。

また、遺族厚生年金を受給する場合、妻に年齢要件はありま

せんが、夫が死亡したとき30歳未満で、子どものいない妻の遺族厚生年金は5年間の有期年金となります。ただし、子どもがいる場合は遺族基礎年金が終了したとき（子どもが18歳の年度末時点）に妻が30歳以上であれば遺族厚生年金をその後も続けて受給できます。

遺族厚生年金の計算をする場合

■遺族厚生年金の計算をする場合

夫が厚生年金に加入中の死亡（被保険者期間が300月（25年）未満の場合）	夫が、老齢厚生年金受給中または受給資格期間を満たしての死亡
↓	↓
年金額を計算する場合 25年（300月）とみなして計算する	**年金額の計算は実際の期間で計算する**

※夫が老齢厚生年金をもらいながら厚生年金に加入して働いていた時に死亡した場合、上記どちらにも該当するので有利なほうを選ぶことができる

■30歳未満の妻の遺族厚生年金

夫の死亡時に子どもがいない場合（5年で終了）

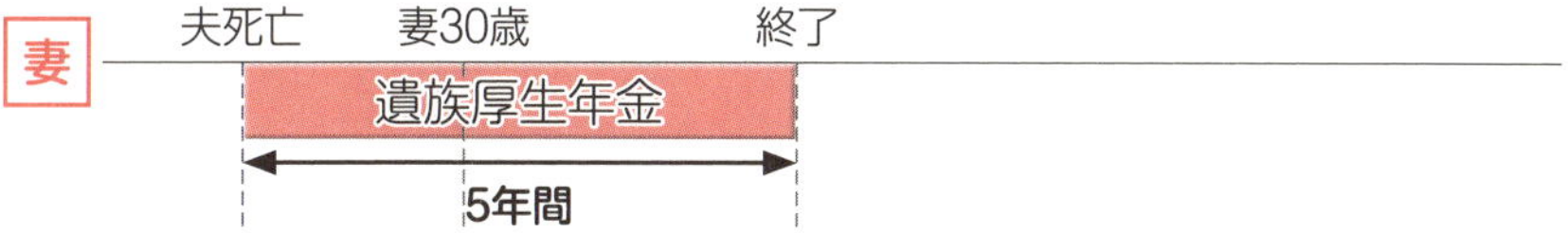

夫の死亡時に18歳年度末までの子どもがいる場合

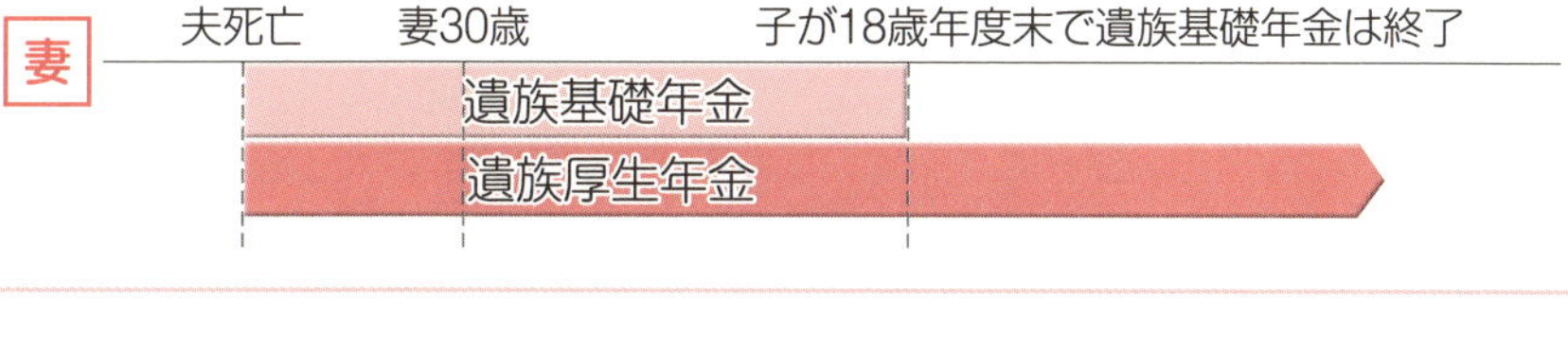

夫が老齢年金受給者の場合の遺族年金

子どものいない妻に約60万円の加算額

老齢厚生年金を受けているか、または受給資格期間を満たしている夫が亡くなった場合、妻に遺族厚生年金が支給されます。18歳到達の年度の末日までの子どもがいれば、合わせて遺族基礎年金を受け取れますが、子どもがいないため遺族基礎年金を受給できない妻の場合、夫が亡くなったとき40歳以上であれば65歳になるまで遺族厚生年金に年額約60万円の**「中高齢寡婦加算」**を合わせてもらえます。なお、妻が40歳未満であっても遺族基礎年金を受給できれば、子どもが18歳の年度末を迎えて遺族基礎年金が終了したとき、妻が40歳以上ならそこから「中高齢寡婦加算」を受け取れます。また、この妻が昭和31年4月1日以前生まれであれば65歳以降は**「経過的寡婦加算」**を受給することができます。

国民年金に加入の夫が亡くなった場合

国民年金に加入していた夫が亡くなった場合、18歳到達の年度の末日までの子どもがいなければ妻は遺族基礎年金を受給できません。しかし、夫が国民年金保険料を25年以上（免除期間含む）納めて年金を受けずに亡くなった場合、婚姻期間が10年以上ある妻は**「寡婦年金」**を60歳から65歳になるまでの間受給できます。また、夫が国民年金を36月以上納めて年金を受けずに亡くなった場合**「死亡一時金」**を受けることができます。

中高齢寡婦加算

死亡した夫の要件	・厚生年金に加入中の死亡 ・厚生年金加入中の傷病が原因で5年以内に死亡したとき ・障害厚生年金1、2級の受給者または受給権のある人の死亡 ・厚生年金の加入期間が20年以上ある人の死亡		
妻の要件	・18歳年度末までの子どものいない40歳以上65歳未満の妻 ・遺族基礎年金受給の妻は遺族基礎年金の終了時に40歳以上		
もらえる期間	40歳以上65歳未満	金額	年額579,700円（平成26年度の金額）

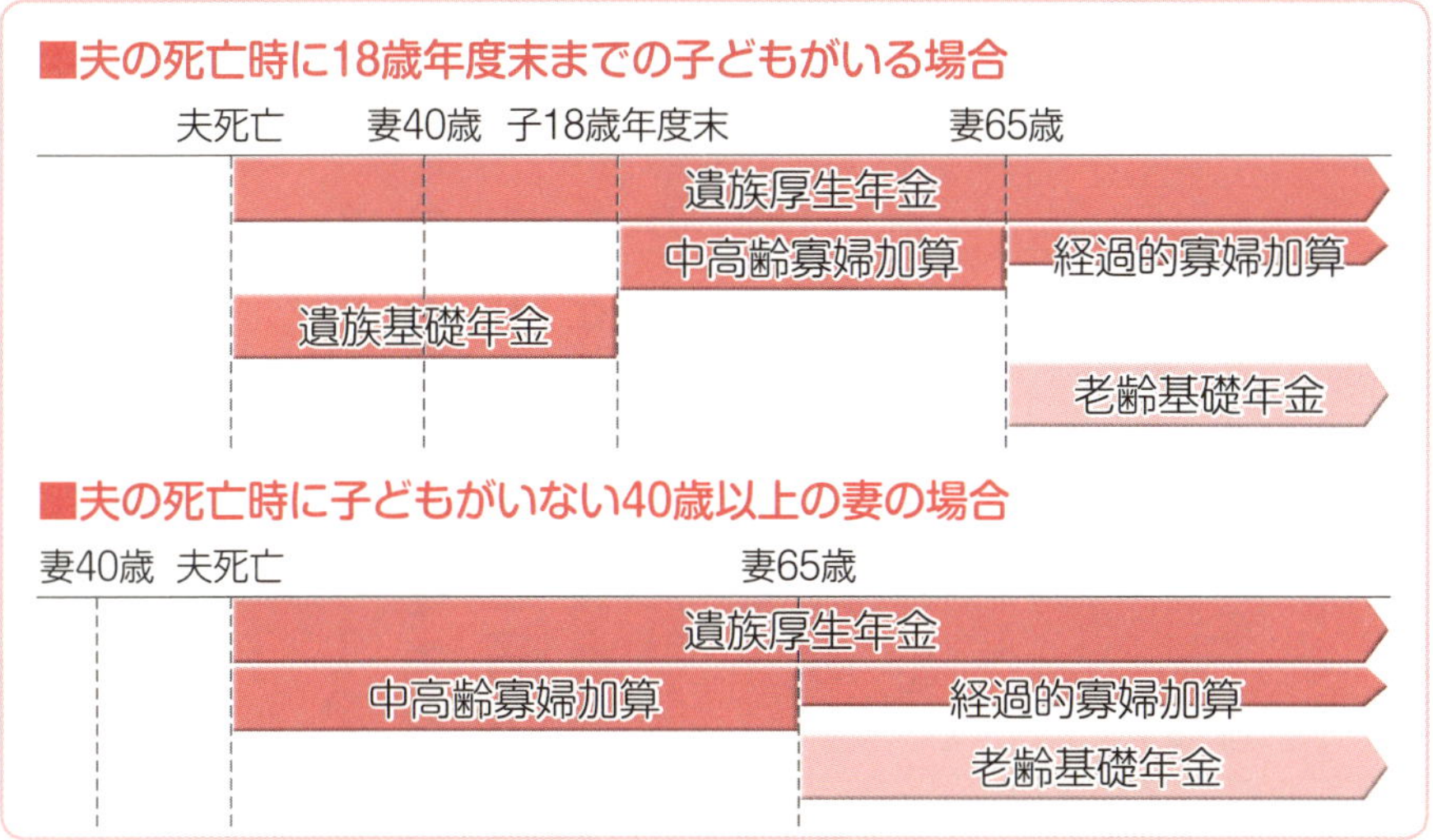

※**経過的寡婦加算の金額**＝生年月日によって579,700円～19,400円(平成26年度金額)

国民年金の独自給付

	寡婦年金	死亡一時金
死亡した人の要件	・国民年金保険料を支払った期間と免除期間を合わせて25年以上 ・障害基礎年金、老齢基礎年金を受けたことがないこと	・国民年金保険料を36月以上支払っている ・障害基礎年金、老齢基礎年金を受けたことがないこと
もらえる人の要件	生計維持されていて、10年以上継続した婚姻関係にある妻（※）	死亡時生計を同じくする配偶者、子ども、父母、孫、祖父母，兄弟姉妹
支給期間	60歳から65歳になるまでの間	一時金
もらえる金額	夫の老齢基礎年金（第1号被保険者の納付（免除期間含む）期間のみ）の3/4	120,000円～320,000円

※妻が繰上げ支給の老齢基礎年金を受けている場合は支給されない

妻が自分の年金を受けるとき

65歳以降の年金のもらい方

夫の死亡による遺族年金と自分の老齢年金を受ける権利のある妻は、65歳まではどちらか金額の多いほうを選択して受給することになりますが、65歳以降はあわせて受給する有利な方法に変わります。

自分の老齢基礎年金と老齢厚生年金、さらに夫の遺族厚生年金と3つの受給権がある妻の場合、**「自分の老齢基礎年金＋自分の老齢厚生年金（ケース①）」「自分の老齢基礎年金＋夫の遺族厚生年金（ケース②）」「自分の老齢基礎年金＋自分の老齢厚生年金の1／2＋夫の遺族厚生年金の2／3（ケース③）」**（119ページ参照）、以上①〜③の中で一番金額の多いものを受給することができます。もらい方は、①の自分の老齢基礎年金と老齢厚生年金を優先受給して、②または③が①より金額が多い場合は、その差額を遺族厚生年金として受け取ります。

夫が死亡したときの手続き

年金を受給していた夫が亡くなった場合、死亡した月まで年金を受ける権利があるので、死亡した月以前で受けることができなかった年金は未支給年金として妻が受給できます。妻のほか、生計を同じくする子、父母、孫、祖父母、兄弟姉妹など3親等内の親族が受給できます。夫が死亡したときは、必ず年金事務所に連絡しましょう。

65歳前と後の年金のもらい方

妻が60歳から自分の老齢厚生年金80万円、夫の遺族年金90万円、加えて65歳から妻自身の老齢基礎年金50万円を受給できる場合

■65歳前

自分の老齢厚生年金　**80万円** ＜ 夫の遺族厚生年金　**90万円**

老齢年金か遺族年金、いずれか多い方を選択受給なので夫の遺族年金90万円を受給する

■65歳以降

ケース① 合計130万円		**ケース② 合計140万円**		**ケース③ 合計150万円**
				夫の遺族厚生年金の2/3 **60万円**
自分の老齢厚生年金 **80万円**	＜	夫の遺族厚生年金 **90万円**	＜	自分の老齢厚生年金の1/2 **40万円**
自分の老齢基礎年金 **50万円**		自分の老齢基礎年金 **50万円**		自分の老齢基礎年金 **50万円**

■受給方法

妻の65歳以降の年金の受給方法は、上記の①～③の中での最高額が保証されます（上記の場合はケース③の150万円）。ただし、受給方法は自分の老齢基礎年金プラス自分の老齢基礎年金（①の130万円）を優先的に受給することになるため、差額（150万円－130万円＝20万円）を遺族厚生年金として受け取ることになります。

夫の遺族厚生年金　**20万円**

ケース①
- 自分の老齢厚生年金　**80万円**
- 自分の老齢基礎年金　**50万円**

合計150万円を受給します。

合計150万円は同じ。内訳が変わり、夫の遺族厚生年金は20万円に減額される

C O L U M N

夫に遺言書を残しておいてもらうのが賢明

相続にまつわる問題について第５章で解説していますが、残された母親のことを第一に思う子どもたちばかりであるなら、相続の手続きに手こずることはないと思います。すでに経験されている知人も多いことでしょうから、「あの手続きはこうやれば大丈夫」などと何かと世話を焼いてくれる人がいるものです。

ところが世の中そのようなケースばかりではなく、逆のケースも少なくありません。大きく言うと、遺産争いで収拾がつかなくなるケースと、手続きが煩雑になりすぎて進めるのがあまりにも大変というケースです。

手続きが大変すぎるという後者では、有り体に言って、１つ１つ処理していくしかありません。亡くなる前にそれなりの対処をしておけば実は困難をある程度回避できるのですが……。

遺産争いという前者では、相続人どうしが争うのですから相続人側に問題の原因がありそうに思えますが、実は亡くなった方の全生活史の反映という面もあることは否めないのです。相続人の立場や個性などから、残された配偶者が面倒なことに巻き込まれるかもしれないことを薄々予想しているのであれば、トラブルが起こらないように遺言なり何なりでそれなりの対処をしておくことは、その原因を作った人の義務と言うべきでしょう。

（弁護士　黒澤計男）

第4章

お墓の建て方と供養のしかた

新しく仏壇を購入する

置き場所を決め寸法を測る

仏壇《ぶつだん》は、家の中に本尊《ほんぞん》をまつるためのもの。位牌《いはい》を仏壇に納めることで、仏の力によって故人が浄土に導かれ、成仏《じょうぶつ》することを願います。仏壇を購入する場合、置き場所に合わせて大きさやタイプを決める必要があります。仏壇には、直接床に置く「**重ね型（台付き型）**」、和室につくられた袋戸棚に納める「**地袋《じぶくろ》型**」、たんすや棚の上における「**上置《うわお》き型**」の3タイプがあります。スペースの有無のほか、直射日光や湿気で傷まないか、地震などの際に落下の危険がないか、なども考える必要があります。置き場所を決めたら、左右の幅、奥行き、高さを正確に測っておきます。

四十九日の法要までに購入しておくとよい

仏壇を買うときは、内部に納める本尊や仏具も揃える必要があります。仏壇とセットになっていることもありますが、仏壇とは別に選ぶ場合、最低限必要なのは「**三具足《みつぐそく》**」と呼ばれる香炉、火立て、花立てです。必要なものや配置は宗派によって異なるので、仏具店で相談を。仏壇や仏具の価格は幅広いので、最初に全体の予算を伝えておくとよいでしょう。仏壇を購入したときは、僧侶に依頼して本尊に魂を入れる「**開眼供養《かいげんくよう》**」を行う必要があります。開眼供養は、四十九日の法要と合わせて行うようにするとスムーズです。

仏壇のタイプ

●大きさやタイプによる分類

上置き型
たんすなどの上に置く

地袋型
和室の地袋（つくりつけの袋戸棚）に納める

重ね型（台付き型）
床に直接置く

●材質・形による分類

新型仏壇（家具調仏壇）
洋風のインテリアにも合うデザインのもの

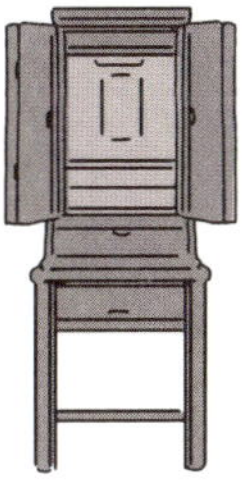

唐木仏壇
木目を生かしたもの

塗り仏壇（金仏壇）
漆を塗り、内部を金箔で仕上げたもの

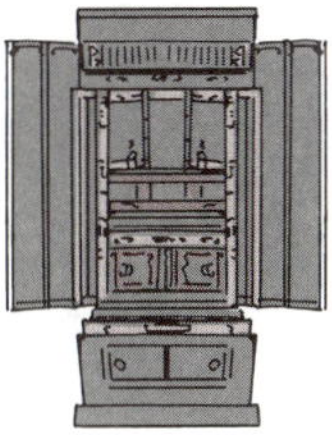

仏具の飾り方の例

本尊
仏像または画像（掛け軸）で、まつる

脇仏《わきぶつ》
本尊の両脇にまつる仏。仏像または画像（掛け軸）

※三具足のうち、火立て、花立てを一対ずつ並べたものを「五具足」、五具足に、茶湯器（お茶や水を供えるための器）、仏飯器（ごはんを供えるための器）を加えたものを「七具足」という

火立て（燭台）
ろうそくを立てる道具

香炉
線香や抹香を炊くための容器

花立て
花を飾るための容器

三具足 最低限必要なもの

※本尊や脇仏、仏具の種類や並べ方は宗派によって異なる

位牌の役割と選び方

四十九日の法要までに本位牌を用意する

位牌は、故人の霊をまつるために仏壇に安置するものです。通夜・葬儀の際は白木の位牌が使われますが、これは仮のもの。四十九日の法要までに「**本《ほん》位牌《いはい》**」を用意し、法要の際、僧侶に魂を入れてもらいます（開眼法要）。四十九日の法要後は、魂を入れた本位牌を仏壇にまつり、白木の位牌は寺に納めて供養してもらいます。ただし浄土真宗では、位牌のかわりに、先祖の系譜を記した過去帳《かこちょう》や、故人の法名（他宗派の戒名にあたる名）を記した法名軸《ほうみょうじく》をまつります。

本位牌は仏壇とのバランスを考えて選ぶ

白木の位牌は葬儀社が用意してくれますが、本位牌は仏具店で購入します。位牌の表には戒《かい》名《みょう》、裏に俗名《ぞくみょう》（生前の名前）、亡くなった年月日、享年《きょうねん》（亡くなったときの年齢）などを入れます。

位牌の大きさや形はさまざまですが、宗派などによる決まりはありません。仏壇とのバランスを考えて選ぶとよいでしょう。材質は、漆《うるし》を塗った「**塗《ぬ》り位牌《いはい》**」と木目を生かした「**唐木《からき》位牌《いはい》**」の2種類に大きく分けられます。

位牌の価格にはかなりの幅がありますが、主に使われている木の種類や仕上げの方法の違いによるものです。戒名などを入れる加工には10日〜2週間ほどかかるので、四十九日の法要に合わせて、余裕をもって用意しておきましょう。

本位牌をまつるまで

通夜・葬儀

白木の位牌を用いる

↓

本位牌を用意する

仏具店で本位牌を購入し、戒名などを入れてもらう

加工には10日～2週間ほどかかることが多い

（四十九日の法要が終わるまでは白木の位牌をまつる）

↓

四十九日の法要

僧侶が、白木の位牌から魂を抜き、本位牌に魂を入れる儀式（開眼法要）を行う

- 白木の位牌 ➡菩提寺に納める
- 本位牌 ➡仏壇に安置する

位牌の書き方（例）

位牌は、故人の霊が宿るものとされている

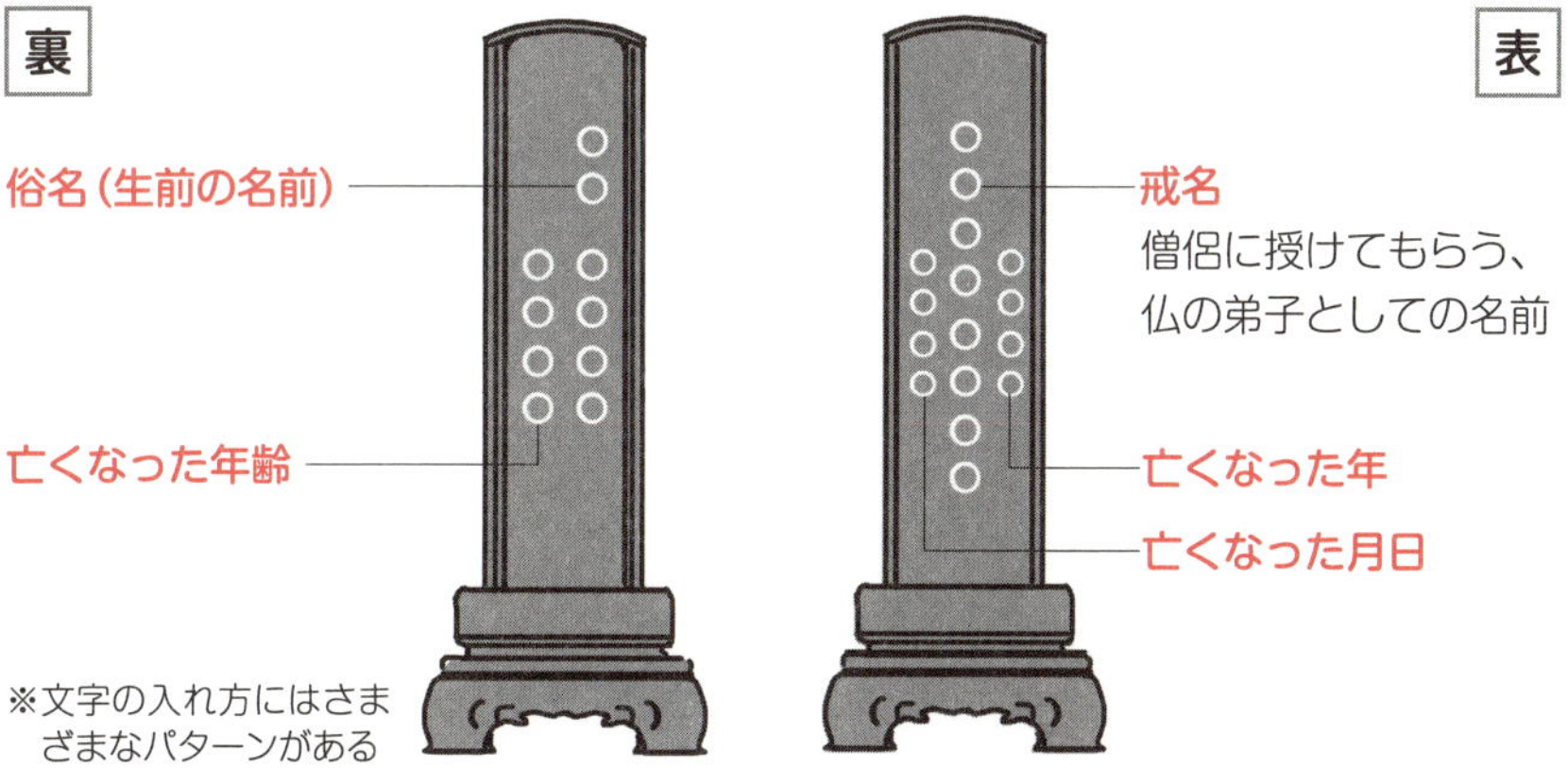

※文字の入れ方にはさまざまなパターンがある

お墓を建てる手順

新しいお墓は一周忌をめやすに建てる

日本では、慣例として長男がお墓を承継する場合がほとんどです。夫が実家のお墓の承継者ではない場合は、新しくお墓を建てる必要があります。遺骨をお墓に納める「納骨《のうこつ》」は四十九日法要の際に行われることが多いのですが、夫が亡くなってからお墓を建てる場合、四十九日までに準備を整えるのは難しいでしょう。「早く納骨したほうがよい」という考え方もありますが、納骨の時期に決まりはありません。一周忌などをめやすに置き、じっくり選びましょう。

お墓の完成までには1～2カ月かかる

お墓を建てるためには、まず墓地を探さなければなりません。多くの情報を集め、予算や宗教・宗派の制限の有無、立地条件などを考え、契約条件を十分に検討したうえで選びましょう。墓地が決まったら、墓石や付属品を選んでお墓全体のデザインを決め、石材店に発注します。墓地によってはデザインに規制がある場合もあるので、必ず事前に確認しておきましょう。民営の墓地では、石材店が指定されていることも少なくありません。その場合は指定石材店のなかから発注先を選ぶことになります。多くの場合、石材の加工や墓地の基礎工事などには、1～2カ月かかります。お墓が完成したら仕上がりを確認し、工事費などの支払いを済ませます。

危篤・臨終
夫の葬儀
葬儀後の手続き
お墓と供養
遺産相続
相続税

お墓ができるまで

情報を集める

インターネットや広告のほか、自治体の広報誌などにも情報が載っていることがある

↓

墓地を選ぶ

宗教・宗派の規定や立地条件、費用などの契約条件を確認。費用を見積もる際は、墓石などの購入・加工や墓石建立のための工事費用なども含めて考える

↓

申し込み・契約

人気の高い墓地では、抽選が行われる場合もある

↓

石材店を選ぶ

民営の墓地では、発注先として数件の石材店が指定されていることも多い。指定石材店がない場合は、広告やインターネットなどで情報を集める

信頼できる石材店を選ぶめやすのひとつが、「お墓ディレクター」が在籍していること。お墓ディレクターは、墓石販売業に携わる人のうち、お墓に関するすぐれた知識をもつ人に与えられる資格

↓

お墓のデザインを決める

墓石の材質や形、墓石に刻む文字、その他の附属品などを決める

墓地によっては、墓石の形などが規制されていることもあるので注意が必要！

↓

発注・施工

墓地の基礎工事や墓石の加工などを行う。発注から完成まで、1～2カ月かかることが多い

注意！ 民営の墓地では、石材店が墓地の販売業務まで請け負っていることもある。その場合、墓地購入の契約をした石材店に墓石なども発注することになる

墓地のタイプ

墓地のタイプは3種類

墓地は経営母体によって、「公営墓地」「民営墓地」「寺院墓地」の3タイプに分けられます。

①公営墓地

都道府県や市区町村が管理・運営する墓地。民営墓地や寺院墓地にくらべて費用が安く、宗教や宗派を問わず利用することができます。ただし、申し込み資格に制限があり、募集時期も限られています。人気が高いため、申し込み後に抽選が行われることもあります。

②民営墓地

公益法人や宗教法人が運営する墓地。立地による違いはありますが、公営墓地より費用は高めです。しかし、申し込み資格などの制限はゆるやかで、いつでも申し込むことができるので取得しやすく、駐車場や休憩室といった付属設備も充実しているところが多いようです。宗教・宗派も問わないところがほとんどです。

③寺院墓地

宗教法人が管理・運営しており、寺院の境内に設けられています。原則として、檀家《だんか》（その寺を支える信徒）であることが墓地取得の条件です。法要などの際、寺とお墓を行き来しやすいなどのメリットがある半面、お墓の管理費のほかに檀家としての寄付なども必要になるため、公営や民営墓地にくらべて費用は割高です。また、墓地取得のために檀家になる場合、「入檀家志《にゅうだんかし》納金《のうきん》」を納めなければならないこともあります。

3つのタイプの墓地の特徴

	公営墓地	民営墓地	寺院墓地
経営母体	都道府県や市区町村	公益法人や宗教法人	宗教法人 (寺院の境内に設置)
メリット	・費用が安い ・宗教や宗派を問わず利用することができる ・自分で石材店を選ぶことができる	・申し込み資格などの制限がゆるやか ・いつでも申し込むことができる ・宗教や宗派を問わないところが多い ・付属施設が充実しているところが多い	・法要などの際、寺とお墓を行き来しやすい ・日ごろからよりよい供養ができる ・管理が行き届いている
デメリット	・申し込み資格に制限がある ・募集時期が限られている(年・1回の場合が多い) ・墓石の形に制限がある場合がある	・公営墓地にくらべて費用が高い ・郊外では交通の便が悪いところもある ・石材店は指定業者制	・檀家(その寺を支える信徒)であることが条件(※)なので、お布施や寄付なども必要 ・墓地使用規則がなかったり、永代使用料・管理料などが明確にされていない場合もある
注意すること	・申し込み後に抽選が行われることもある	・立地によって、価格に大きな差がある ・管理や運営に差がある	・墓地取得のために檀家になる場合、「入檀家志納金」が必要なこともある ・石材店を指定されることもある

※墓地の一部を区分けするなどして、檀家以外のお墓を受け入れているところもある

お墓の種類

家墓には承継者が必要

仏教式のお墓でもっとも一般的なのが、家族の遺骨を同じ墓に埋葬する「家墓《いえばか》」です。家墓は、親の死後、子どもが受け継ぎます（子どもがいない場合は親族が承継することもある）。夫の死後にお墓を建てる際、家墓を希望するなら、自分の死後、お墓を承継する子ども（またはお墓の承継を了承している親族）がいることが条件になります。法律上、お墓の承継は性別を問わず可能ですが、まれに「男性しか承継できない」という規定を定めている墓地もあるので、契約時には確認が必要です。

承継者がいない場合は永代供養墓を建てる

お墓の承継者がいない場合は、「永代供養墓《えいたいくようばか》」を建てることになります。永代供養墓とは、承継者にかわって寺や墓地が管理してくれるお墓のこと。ひとりの遺骨だけを納める「個人墓」、夫婦ふたりのための「夫婦墓」、友人など、家族以外の人といっしょに埋葬される「共同墓」などの種類があります。お墓を管理する期間はそれぞれの墓地や霊園で決められており、それを過ぎると他の遺骨といっしょに埋葬され、供養されます。永代供養の期間は、「三十三回忌まで」のように亡くなってからの年数で定められていることが多いのですが、なかには「墓地を購入したときからの年数」のケースもあるので注意が必要です。

お墓のいろいろ

妻の死後も承継者がいる場合

家墓

家族の遺骨をいっしょに納める。親から子へと受け継がれる

注意！
墓地によっては、お墓の承継者を男性に限定していることもある

妻の死後、承継者がいない場合

永代供養墓

承継者がいなくなったあと、一定期間は寺や墓地がお墓を管理してくれる

注意！

永代供養の期間はいつから数えるのか、確認が必要。契約時から年数を数えるところもあるので、早めに墓地を購入する場合はとくに注意する

個人墓
ひとりの遺骨だけを納める

夫婦墓
夫婦ふたりの遺骨を納める

共同墓
家族ではない複数の人の遺骨を納める

お墓を個別に管理する期間は寺や霊園が定めており、その期間を過ぎると共同のお墓に埋葬される

お墓のデザイン

カロートをつくり墓石などを設置する

墓地を購入したら、お墓全体のデザインを決めて墓石を設置します。お墓でもっとも重要なのは、遺骨を納めるカロート（納骨棺《のうこつかん》）です。カロートは地下に設けられることが多いため、隣のお墓との境界を示す外柵とともに、最初につくられます。カロートが完成したらその上に墓石を置き、花立や香炉、水鉢といった付属品を設置します。

墓石の形や刻む文字に決まりはない

墓石に使われる石材には、さまざまな種類があり、それぞれ色や質感が異なります。墓石の形は**「和型」**と言われる縦長のものが主流ですが、墓地に規定がある場合を除き、形や大きさは自由。最近では横長の**「洋型」**も増え、個性的な形の**「デザイン墓」**なども登場しています。墓石に刻む文字も、自由に決めて構いません。家墓なら「○○家之墓」などと家名を刻むのが一般的。個人墓や夫婦墓の場合は、個人の名前や戒名を刻むことが多いようです。家名や名前は入れず、好きなことばを刻むケースもあります。墓石の加工には費用と手間がかかります。デザインは親族や石材店とも相談し、慎重に決めましょう。また、文字の間違いを防ぐため、墓石に刻むための原稿をつくったり石材店と確認のやりとりをしたりする際は、複数の人がチェックするようにしましょう。

一般的なお墓の構成

カロート
遺骨を納めるためのスペース。地下にあることが多いが、地上につくられる場合もある

墓石
原則として形や大きさは自由だが、墓地によっては規制がある場合も

塔婆立
供養のための卒塔婆を立てるためのもの。墓石の後ろにつくられることが多い。浄土真宗の場合は不要

水鉢
故人ののどの渇きをうるおすため、上部の浅いくぼみにきれいな水を入れる。墓石の正面に置く

花立
墓参りの際、花を飾るための容器。水鉢の左右に一対置くことが多い

香炉・香立
線香を供えるためのもの

拝石
墓石の手前に敷く石の板。地下につくられたカロートのふたを兼ねていることも多い

外柵
隣のお墓との境界を示す。公園のように整えられた墓地では、外柵をつくるのが禁止されていることもある

墓石に刻むことばは自由だが、家名や故人の名前を入れるのが一般的。裏面や側面には、戒名や没年月日、享年、建立者名、建立年月日などが刻まれることが多い

神式・キリスト教式のお墓

神式のお墓の特徴

神式のお墓は、宗教・宗派を問わない公営墓地や民営墓地に建てます。神社の敷地内に墓地が設けられることはないので、仏式の「寺院墓地」のようなものはありません。お墓の構造や墓石の形は仏式の「和型」（132ページ参照）に似ています。ただし、神道では線香を供えないため、香炉のかわりに供物を供える「八足台」と呼ばれる台を置きます。墓石には「○○家奥《おく》津《つ》城《き》」と家名を刻みます。「奥津城」は神道で「お墓」を意味することばです。

キリスト教式のお墓の特徴

キリスト教式のお墓は、所属する教会が所有する墓地・納骨堂や、宗教・宗派を問わない公営墓地、民営墓地などに建てます。キリスト教の場合、個人墓（130ページ参照）に埋葬するのが正式ですが、家墓をつくることもできます。墓石や付属品に決まりはありませんが、仏式のような外柵はつくりません。墓石は背の低いシンプルなものが一般的。仏教式の和型のような縦長の墓石の上に十字架をのせたものや、聖書を象《かたど》ったものなども見られます。墓石に入れる文字は自由で、十字架や好きなことば、聖書からとったことばなどを刻むことが多いようです。香炉などの付属物はありませんが、花立はつくられることもあるようです。

神式のお墓

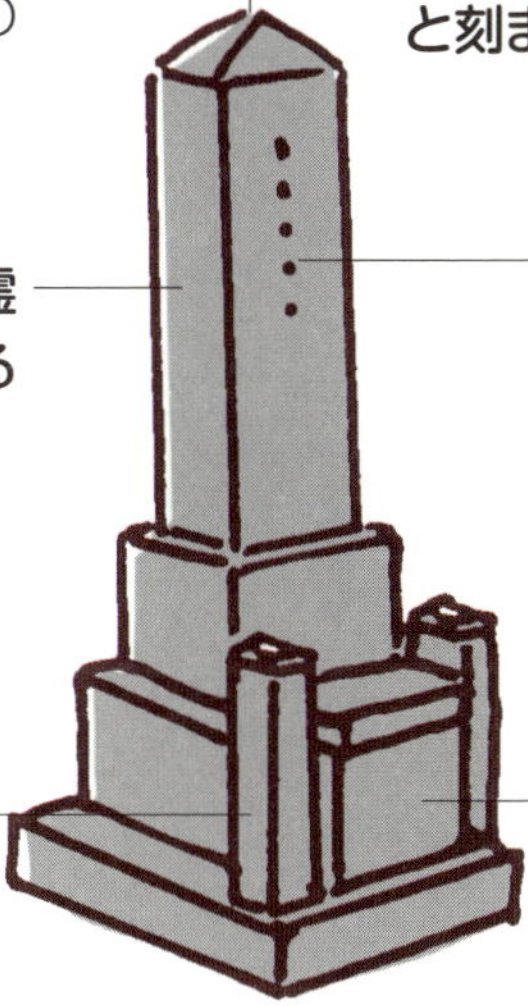

墓石
縦長で、上部を三角錐のようにとがらせてある

墓石の正面には「○○家奥津城」と刻まれることが多い

墓石の側面に、故人の霊号（仏教の戒名にあたるもの）を刻む

花立
墓参りの際、花を飾るための容器

八足台《はっそくだい》
墓参りの際に供物を供えるための台

キリスト教式のお墓

墓石には十字架や好きなことばが刻まれることが多い

墓石
背が低く、シンプルなもの

十字架や聖書をかたどったものもある

外柵はつくらない

故人の名前の入れ方に決まりはなく、名前・洗礼名・誕生日・生没日（西暦）を側面や表面に刻むことが多い

お墓づくりにかかる費用

墓地の購入は権利を買うこと

お墓を建てるためには、まず墓地を購入しなければなりません。宅地などとは異なり、墓地の購入価格は、土地の所有権ではなく「**永代使用権**（一定の土地を墓地として永久に使用する権利）」に対するものです。家墓の場合、この権利はお墓の承継者が引き継いでいくことができます。

墓地の取得には税金がかからず、承継する際の相続税もかかりません。そのため、相続税対策として、自分が入るお墓を生前に建てる人もいます。生前に建てるお墓を「**寿陵**《じゅりょう》」といい、寿陵をつくることは祝いごととされています。

墓地購入費用以外にかかるお金

墓石の建立には、石材費、加工費、付属品費、基礎工事の費用などがかかります。お墓の完成後に行う開眼法要（一周忌などに合わせて行うことが多い）の際には、僧侶へのお布施や参列者との会食、手土産などの費用が必要。また、永代使用料とは別に、墓地の共用スペースを維持管理するための管理費も毎年支払わなければなりません。

永代使用料や管理費は、墓地の立地や区画の広さによって大きく異なります。墓石や付属品なども、材質やサイズ、加工のしかたなどによって価格に幅があります。全体の予算を決めたうえで、墓地や墓石にかけられる費用を考えましょう。

お墓づくりにかかるお金

永代使用料

墓地を使用する権利に対して支払う。家墓の場合、永代使用の権利は墓の承継者が引き継ぐことができる

改葬などのために墓地を手放しても、永代使用料は返金されない

墓石建立の費用

石材費………墓石そのものの費用
加工費………墓石に文字をきざんだり、形を整えたりするための費用
基礎工事費…墓地の整地やカロート（132ページ参照）の設置などに必要な費用

管理費

墓地の共用スペースの維持管理に必要な費用。年払いの場合が多い

寺院墓地（128ページ参照）では、「お布施」「護寺会費」などと呼ばれることもある

開眼法要などの費用

開眼法要（140・142ページ参照）
…故人の魂をお墓に迎え入れるための儀式。一周忌などとあわせて行うことが多い

納骨式（140・142ページ参照）
…遺骨をカロートに納める儀式。新しいお墓の場合、開眼法要に続けて行うことが多い

会食
…法要のあとは、僧侶と参列者と会食するのが一般的

引き出物
…法要の参列者には手土産を渡す

お布施
…読経へのお礼として僧侶に渡す。3～5万円程度

御車代
…僧侶に墓地まで出向いてもらった場合、交通費として渡す。1万円程度

新しい埋葬の方法

専用のスペースに遺骨を納める納骨堂

遺骨は家族や個人のお墓に埋葬するのが一般的ですが、最近では「**合葬墓**《がっそうぼ》」と呼ばれるお墓を利用する人も増えています。

合葬墓は、血縁・地縁のない人の遺骨を同じ場所に納める方法。墓地と同様、公営や民営、寺院が運営するものなどがあります。施設によって違いはありますが、一般的なお墓にくらべて、かなり安い費用で利用することができます。遺骨の収蔵方法には、いくつかの種類があります。個人墓としてはもちろん、家墓として利用できるものもあります。契約の方式も施設によって異なり、永代供養（永代収蔵）のほか、数年単位で契約更新が必要な場合もあります。

遺骨を自然に返す自然葬

お墓や納骨堂に納めるほか、遺骨を自然に返す「**樹木葬**《じゅもくそう》」や「**散骨**《さんこつ》」といった方法も注目されています。樹木葬は合葬墓の一種で、墓標として植えた木の周りに遺骨を直接埋葬するもの。散骨は、遺灰（遺骨を粉末にしたもの）を海や山にまく方法です。散骨は、法律では認められていますが、墓地以外の場所で行うことになるため、マナーを守ることが大切です。土地所有者の了解を得る必要があるのはもちろん、海に散骨する海洋葬（※）は海水浴場や漁場から離れた場所を選ぶなどの配慮が求められます。

※**海洋葬の詳しい情報**＝日本海洋散骨協会 http://kaiyousou.org/

合葬墓のいろいろ

納骨堂

屋内につくられた収蔵スペースに遺骨を納める

ロッカー式
コインロッカーのように並んだ収蔵庫に遺骨を納める

棚式
棚に骨壺を並べる

位牌式
個人の位牌だけを並べ、遺骨の収蔵スペースは別に設けられている

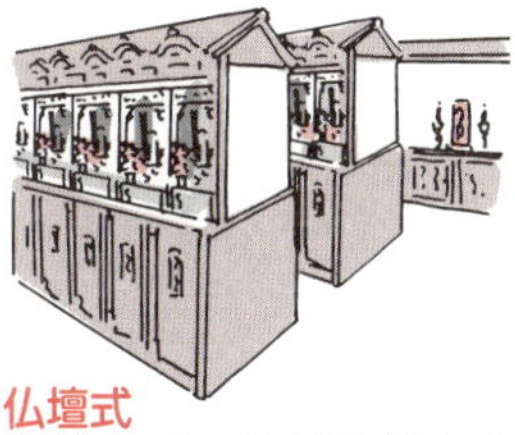

仏壇式
収蔵スペースが仏壇のようにつくられ、下段に遺骨を収蔵し、上段に位牌や写真を安置する

墓式
小さな墓石を並べ、その下のカロートに遺骨を納める

機械式
タッチパネル操作などで、コンピュータ管理された遺骨が祭壇まで運ばれてくる

納骨塔

屋外に記念碑などを建て、その下に設けられた大きなカロートに遺骨を納める

樹木葬

墓石のかわりに樹木を植え、その周りの土に遺骨を埋める。骨壺に入れて埋葬する場合と、遺骨を直接埋葬する場合がある

散骨

海や山などに遺灰をまく。お墓や納骨堂に遺骨を納め、遺骨の一部だけを遺灰にして散骨することもある

遺骨を遺灰にする作業は、専門の業者や葬儀社などに依頼する

納骨を行う

新しいお墓は納骨の前に開眼法要を

お墓への納骨は、四十九日法要の際に行うのが一般的です。ただし、新しくお墓を建てる場合は四十九日に間に合わないことが多いため、一周忌を納骨のめやすとすることが多いようです。

新しいお墓の場合は、納骨の前に墓石に魂を入れる「**開眼法要**《かいげんほうよう》」が必要です。開眼法要や納骨は、あまりおおげさにしないものとされています。四十九日や一周忌の法要と合わせて行う場合、まずは参列者全員で四十九日などの法要を行い、その後、遺族や親族、ごく親しい知人だけが墓前に移動し、開眼法要と納骨に立ち会います。

僧侶や墓地の管理者、石材店との打ち合わせが必要

浄土真宗を除く仏式の法要では、施主や参列者が「**卒塔婆**《そとば》」を供えるならわしがあります。卒塔婆は経文や戒名などを木の板に記したもので、前もって必要な本数を決め、お寺に依頼しておきます。また、納骨の際はカロートのふたや拝石を動かさなければならないので、日時や手順について、石材店や墓地の管理者とも十分に打ち合わせをしておく必要があります。

納骨の当日は、埋葬許可証（28ページ参照）を墓地の管理者に提出し、墓地の使用権利書も提示します。墓前に祭壇を設けて遺影や位牌を並べ、遺骨をカロートに納めたあと、僧侶の読経と参列者による焼香を行います。

納骨の準備と流れ（四十九日などの法要と合わせて行う場合）

日時の決定

読経をしてもらう僧侶とも相談し、日程を決める。四十九日や一周忌の法要とあわせて行うことが多い

墓地の管理者、石材店への連絡
納骨の際、墓前で読経をしたり、カロートのふたを動かしたりするため、納骨の日時は前もって墓地と石材店に伝えておく

↓

参列者の決定

参列してほしい人に案内状を送る。出欠を確認し、人数を把握する

↓

会食の準備

法要のあと、参列者をもてなす会食の手配をする

↓

引き出物の準備

参列者に手土産として渡すものを手配する。表書きは「志」などとする

↓

当日渡すお礼などの準備

僧侶へのお布施や、墓地、石材店へのお礼を準備する（136ページ参照）

現金は白封筒に入れるか、半紙で包む

準備しておくお金	渡す相手	表書き
お布施（5万円程度）	僧侶	「御布施」「御礼」など
交通費（5,000円～1万円）	僧侶	「御車代」
食事代（5,000円～1万円）（※）	僧侶	「御膳料」「御斎料」など
お礼（1人3,000円）	墓地の管理員・石材店	「志」

※僧侶が会食に出席しなかった場合にだけ必要

お墓の場所を移す方法

改葬の許可には新しいお墓が必要

承継したお墓が遠いところにあったり、夫婦がともにお墓の承継者で両家のお墓をひとつにまとめたりする場合、お墓を別の場所に移す**「改葬《かいそう》」**を行うことがあります。改葬は、遺骨を移す場所が決まっていないと旧墓地のある市区町村の許可が下りないため、まずは新しい墓地の購入をしましょう。新墓地の用意が整ったら、旧墓地と新墓地に必要な書類を発行してもらい、**「改葬許可証」**の発行を申請します。改葬許可証は、遺骨1体につき1通必要。申請書には、亡くなった人それぞれの本籍や死亡年月日を記入しなければなりません。確認に時間がかかることもあるので、早めに準備を進めましょう。

閉眼法要を行ってから遺骨を取り出す

改葬許可が下りたら、旧墓地から魂を抜く**「閉眼法要《へいげんほうよう》」**を行ってから遺骨を引き取ります。新墓地では、改葬許可証を提出したうえで、通常の方法で開眼法要と納骨を行います（140ページ参照）。遺骨をとり出したあとの旧墓地は、墓石などをすべて撤去し、更地にして返します。旧墓地が家墓の場合、親族が改葬を快く思わないこともあるので、事前の説明などはていねいに。旧墓地の管理者に改葬を申し出る際は、これまでの感謝も伝えましょう。

改葬の流れ

①新墓地を購入する

改葬許可証の申請には、遺骨を移す新墓地が発行する書類が必要

↓

②お墓を完成させる

新墓地に墓石を建てるなどして、納骨できる状態にする

↓

③旧墓地に改葬を申し出る

お世話になった感謝を述べたうえで、改葬の希望を伝える

↓

④親族への相談・説明

とくに旧墓地の近くに住む親族とは十分に話し合っておく

↓

⑤改葬許可の申請に必要な書類を集める

〈新墓地が発行するもの〉
・墓地の使用許可証
・受け入れ証明書

〈旧墓地が発行するもの〉
・埋葬証明書(埋蔵証明書)

市区町村によって申請時に提出する書類が異なるので、事前に何が必要なのか確認しておく

↓

⑥改葬許可証の申請書に必要事項を記入する

亡くなった人の本籍や死亡日、火葬日などの情報も必要。数代前の場合、戸籍謄本などで調べなければならないこともある

↓

⑦閉眼法要の手配

読経を依頼する僧侶に相談して日時を決める

↓

⑧石材店への依頼

閉眼法要の際、カロートを開ける必要がある。また、改葬後に行う墓石の撤去や整地についても打ち合わせをしておく

↓

⑨開眼法要の手配

新墓地に埋葬許可証を提出し、開眼法要や納骨の日時などを決める。僧侶への依頼や参列者への連絡等を行う

↓

⑩閉眼法要

⑪遺骨の取り出し

⑫開眼法要

↓

⑬納骨

日ごろの供養のしかた

仏壇は1日2回礼拝する

故人や先祖の供養は朝と夜の2回、毎日行うのが基本です。朝食前には、仏壇にご飯やお茶、花などを供えます。その後、線香をあげて鈴《りん》を鳴らし、合掌して礼拝します。夕食後にもう一度線香をあげて礼拝し、寝る前に線香やろうそくの火が消えていることを確認して仏壇の扉を閉めます。線香の本数や鈴を打つ回数などは宗派によって異なりますが、宗派を問わず、線香やろうそくの火を吹き消してはいけません。線香は手であおぎ、ろうそくは専用のろうそく消しなどで消しましょう。神式では**「御霊舎《みたまや》」**（霊をまつるところ）に米、水、塩を供え、「二礼二拍手一礼」で拝礼します。キリスト教では、とくに決まった作法などはありません。

お墓参りの基本的な作法

お盆やお彼岸、故人の命日などには、お墓参りをします。墓地についたら、まずはお墓の掃除を。墓石を洗い、区画内の雑草やごみを取り除いてきれいにします。水鉢にきれいな水を張り、持参した花や線香を供えましょう。その後、手桶に汲み直した水を墓石にかけ、合掌して礼拝します。食べものを供えた場合は、帰るときに持ち帰るのがマナーです。また、菩提寺の境内に墓地がある場合は、お墓参りの前に住職にあいさつし、寺の本尊にお参りをしましょう。

仏壇の拝み方

①仏壇の扉を開ける

↓

②新しいご飯とお茶（または水）を供える

↓

③花を供える（供えたものが古くなっていたらとり替える）

↓

④仏壇の前に正座し、数珠があれば手にかけて一礼する

↓

⑤ろうそくに火をつける。ライターではなく、マッチでつけるのが正式

↓

⑥ろうそくから線香に火を灯す

線香の本数は宗派によって異なる。半分に折る場合などもある

↓

⑦線香の火を手であおいで消し、香炉に立てる

↓

⑧鈴を鳴らし、合掌する

鳴らす回数は宗派によって異なる

↓

⑨できれば経をとなえ、もう一度合掌して鈴を鳴らす

省略してもOK！

↓

⑩ろうそくの火を消し、一礼する

注意！

- 供えたご飯やお茶は夕方までに下げる
- 寝る前に火の始末の確認をし、仏壇の扉を閉める

法要の種類

重要な忌日法要は初七日と四十九日

法要（法事）は、故人の冥福《めいふく》を祈る儀式です。仏教では亡くなってから7週間、7日ごとに忌日法要を行うしきたりがあります。現在では、このうち重要なものとされている「初七日」と「四十九日」だけを行うのが一般的です。初七日は葬儀の日に済ませることがほとんど。火葬のあと、骨壺と位牌、遺影を祭壇に安置し、読経を行って初七日法要とします。四十九日の法要は、親族や知人を招いて行います。四十九日は「**忌明《きあ》け**」とも呼ばれ、この日をもって死者の魂は家を離れるものとされています。その後は、命日に「**年忌法《ねんきほう》要《よう》**」を行います。七回忌以降は身内で行い、三十三回忌をめどに、法要を終える「**弔《とむら》い上げ**」とすることが多いようです。

法要の当日は読経と会食を行う

法要の当日は、僧侶による読経と参列者による焼香などを行ったあと、会食をします。葬儀のあと、四十九日法要まではあまり時間がないので、僧侶との打ち合わせや会食の手配などの準備（141ページ参照）は早めに進めましょう。神式の場合、法要にかわる儀式は「**霊祭《れいさい》**」と呼ばれ、亡くなってから10日めの十日祭、50日めの五十日祭が重要なものとされています。キリスト教式の場合は、一周忌など節目となる日に記念の集いなどを行うことが多いようです。

仏式の法要

忌日法要	初七日《しょなのか》	亡くなった日を含めて7日め
	二七日《ふたなのか》	亡くなった日を含めて14日め
	三七日《みなのか》	亡くなった日を含めて21日め
	四七日《よなのか》	亡くなった日を含めて28日め
	五七日《いつなのか》	亡くなった日を含めて35日め。「三十五日」とも呼ばれ、この日を忌明けとする地域もある
	六七日《むなのか》	亡くなった日を含めて42日め
	七七日《なななのか》・四十九日	亡くなった日を含めて49日め。「満中陰《まんちゅういん》」ともいう。忌明けの法要を行う
	百箇日《ひゃっかにち》	亡くなった日を含めて100日め
年忌法要	一周忌	死後1年め
	三回忌	亡くなった年を含めて死後3年め（満2年）
	七回忌	亡くなった年を含めて死後7年め（満6年）
	十三回忌	亡くなった年を含めて死後13年め（満12年）
	十七回忌	亡くなった年を含めて死後17年め（満16年）
	二十七回忌	亡くなった年を含めて死後27年め（満26年）
	三十三回忌	亡くなった年を含めて死後33年め（満32年）。「弔い上げ」とすることが多い
	五十回忌	亡くなった年を含めて死後50年め（満49年）
	百回忌	亡くなった年を含めて死後100年め（満99年）

お盆とお彼岸

お盆には先祖の霊が家に帰ってくる

お盆（盂蘭盆会《うらぼんえ》）は、先祖の霊が家に帰ってくる日とされています。お盆の期間には地域による多少の違いがありますが、7月または8月の13～16日とすることが多くなっています。

お盆の前には、仏壇をきれいに掃除し、「**精霊棚**《しょうりょうだな》」（149ページ参照）をつくります。「盆の入り」といわれる初日にはお墓参りをし、夕方、玄関先でおがらを燃やす「迎え火」を焚いて霊を迎えます。「盆の明け」とされる最終日には、同様に送り火を焚いて霊を送り出します。屋外で火を焚くのが難しい都市部や集合住宅の場合は、玄関や窓際などに火を入れない盆提灯をつるし、迎え火や送り火のかわりとすることもあります。亡くなって初めて迎えるお盆を「新盆《にいぼん》（初盆）」といい、親族や知人を招いて僧侶に読経してもらうなど、とくに手厚く供養するならわしがあります。

お彼岸には家族でお墓参りを

お彼岸（彼岸会）は春と秋の2回あり、それぞれ、春分の日、秋分の日をはさむ前後3日の7日間です。お盆と同様、初日を「彼岸の入り」、最終日を「彼岸の明け」といいます。お盆のように決まったしきたりはありませんが、家族でお墓参りをし、仏壇にぼたもち（秋は「おはぎ」と呼ばれる）などのお供えをして、先祖の霊を供養します。

精霊棚のしつらえ方の例

飾るものや並べ方には、宗派や地域によって違いがある

お盆のあいだは、仏壇の扉を閉めておく

きゅうりで作った馬

なすで作った牛

小さなテーブルなどの上に、
すのこや白い布を敷く

先祖の霊の乗りもの。「馬に乗って早く来て、牛に乗ってゆっくり帰ってほしいという願いを込めたもの」「馬は先祖の霊の乗りもので、牛は背中に荷物をのせるためのもの」などのいわれがある

馬と牛は、迎え火を焚くときは頭を家の中へ、送り火を焚くときは頭を家の外に向ける

正式なものは、四隅に青竹を立てて上部に注連縄《しめなわ》を張り、注連縄に昆布やほおずきなどをつるす

C O L U M N

墓地の使用規定に注意を!!

●墓地には使用に関する制限がある

霊園などに墓を建てるときは、その墓地が決めているルールがあるので、あらかじめ承知しておくことが大切です。墓地の使用規定書をよく読み、次の7つのポイントをチェックしましょう。

①宗旨・宗派の規定

寺院墓地の場合は、同じ宗派でないと入れないので要注意。公営・民営墓地は、宗派を問わないのが普通です。

②納骨する遺骨の有無

公営墓地は遺骨がないと申し込みができないことが多い。

③石材店の指定

民営墓地（霊園）や寺院墓地は、石材店が指定されていることがあります。

④墓石の指定

形や大きさなどに規定がある場合があります。

⑤墓石の建立期限

遺骨がなくても、数カ月以内に墓石を建てなければならなかったり、外柵だけは整備するように求められることがあります。

⑥管理料の支払い方法

1年に1回の支払いが一般的ですが、3年前納という墓地もあります。

⑦墓地使用権の取り消し条件

管理料を滞納すると、使用権を取り消されるケースがあります。

第5章

夫の遺産を相続する

相続

遺産を「相続する」ということ

民法第896条は、「相続人は、相続開始の時から、被相続人の財産に属した一切の権利義務を承継する」と定めます。したがって、ある人（ここでは夫）の死亡と同時に、相続人は遺産に属するすべての権利義務を引き継ぐことになります。

注意しなければならないことは、相続によって引き継ぐのは「権利義務」であるということです。常識的には「財産」を引き継ぐと言ってもかまわないのですが、厳密には「権利義務」です。

ですから、「権利」としては、土地や建物のような不動産の所有権、自動車や家財道具のような個別の動産の所有権はもちろん、預貯金、個人商店が商品を販売したときの代金債権、株式や著作権なども相続によって引き継がれます。

また、これらのようなプラスの財産ではなく、マイナスの財産としての「義務」も相続によって引き継がれます。典型的には借金がそれです。権利と義務が入り交じったものとしては、例えば借地権や借家権といった契約上の地位があげられますが、これも相続によって相続人に引き継がれます。

言うまでもないことですが、「プラスの財産だけ相続してマイナスの財産は相続しない」というわけにはいきません。

遺産の分割

妻だけが相続人であれば相続の手続きは難しいものではありません。すべては妻が相続するのですから。それに対して、複数の相続人がある場合には、後述のようにこれらの遺産を分割する作業が必要になります。これが「**遺産分割**」です。

遺産分割の作業は、遺言書がある場合とない場合では大筋が違ってきます。これについてはこれから詳しく解説します。

相続とは?

原則として、プラスの財産もマイナスの財産もすべて引き継がれる

相続財産

プラスの財産	マイナスの財産
・不動産 ・動産 ・預貯金 ・有価証券 ・借地・借家権 ・知的財産権　その他	・契約上のさまざまな義務 ・損害賠償義務 ・他人の保証義務 ・その他

↓

相続人へ

ただし、祭祀財産は特別扱いされる

仏壇・仏具・神棚・お墓etcの「祭祀供用物」は、分割せずに「祖先の祭祀を主宰すべき者」が1人でまとめて承継する

●祭祀財産の扱われ方

当然に長男が承継するわけではない。
だれが承継するかは、被相続人が自由に決定できる

↓

被相続人が決めずに亡くなると、慣習に従う

↓

慣習がないか、あっても慣習の内容に争いがあれば、
裁判所の調停・審判で決める

遺言がある場合とない場合

遺言書がある場合

遺言書があり、そこに遺産分割の方法や相続分の指定が書かれているならば、原則としてそこに書かれた内容により相続が行われます。つまり、遺言書に書かれた内容が最優先です。

遺言書を見てください。表現はさまざまかもしれませんが、「自宅の土地と建物は妻に相続させる」とか、「○○銀行○○支店の定期預金は長女に相続させる」とか、そういった指定がなされていると思います。あるいは、「長男には遺産の4分の1、長女には遺産の5分の1を相続させる」といったような書かれ方もあるでしょう。

いずれにしろ、人は生前に自分の財産を処分することができることから、こういった故人の最後の意思も尊重しようという趣旨により、原則として遺言書に書かれたとおりに相続がなされます。

遺言書がない場合

遺言がなければ、故人の意思によるのではなく、相続人による話し合いによって遺産分割を行います。相続人の協議しだいでどのようにでも遺産分割の方法を決めることができますから、協議がまとまるかぎり1人の相続人がすべての遺産を取得してもかまいませんし、遺産を金銭に換えて相続人全員が平等に配分を受けるということも可能です。

このときの話し合いで決められるのは遺産の分割についてだけではありません。例えば、長女が土地と建物と預金若干を相続するのと同時に、母（故人にとっては妻）と同居生活を送り生活費も支出する、といった負担を約束することもできます。

協議がまとまらないときは

家庭裁判所の遺産分割調停・審判によって問題解決をはかります。これについてはあとで解説するとおりです。

最優先される遺言

①遺言があれば遺言によって分割

遺言が最優先されるということ

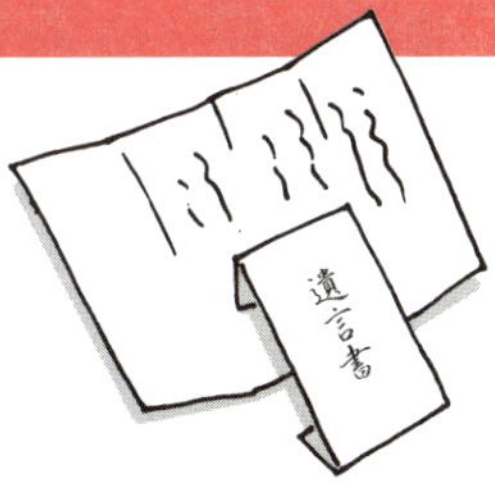

②遺言がなければ遺産分割協議によって分割

最優先されるべき遺言による指定がないのだから、相続人全員の協議によって分割する。全員の合意があるなら、どのように分割しても自由

③協議がまとまらなければ調停・審判によって分割

もはや自力での問題解決が無理なのだから、解決の場は家庭裁判所へ。管轄の家裁に遺産分割の調停・審判を申し立てる

相続

相続の放棄という選択肢

財産にはプラス財産とマイナス財産がある

先に書きましたように、相続では財産としてのプラスの価値があるものだけではなく、マイナスの価値のあるものも引き継ぎます。

マイナスの価値のある財産とは何かというと、亡くなった方自身の借入金、他人のためにした連帯保証といった負債が代表的なものです。場合によっては交通事故を起こしてしまったときの損害賠償義務などもあるかもしれません。

このように、遺産に含まれるプラスの財産とマイナスの財産を比較してみて、全体としてプラスのほうが上回っているなら、それらを相続することにさほど問題はないでしょう。ところが差し引きマイナスのほうが大きい場合には、相続した結果、全体としてはマイナスの財産が身に降りかかってくることになります。

マイナスを背負い込むことを避けたい場合、相続の放棄という手続きをとることが賢明です。

放棄するとどうなるか

相続を放棄するためには、相続が発生して自分が相続人であることを知ったときから3カ月以内に、家庭裁判所に対して相続放棄の申し立てを行います。

相続放棄の結果、相続の発生の当初から相続人にならなかったことになります。つまり、プラスの財産もマイナスの財産もすべてひっくるめて引き継がないという効果が得られます。
法定相続人の順位についてはあとで説明(158ページ〜参照)しますが、第1順位の相続人が相続を放棄すると第2順位の相続人が新たに負債の相続人になります。ですから、第2順位の相続人も相続を放棄する必要が出てきます。第2順位の相続人が相続を放棄すると第3順位の相続人が新たに負債の相続人になりますから、第3順位の相続人も相続を放棄する必要があります。

3種類の相続方法

相続の基本は「単純承認」

単純承認：無条件に被相続人の権利義務をすべて承継する

相続放棄の手続き

相続放棄：相続人となることを拒否して、初めから相続人にならなかったことにする

自分が相続人になったことを知った日から3カ月以内に被相続人の住所地を管轄する家庭裁判所に申述する
➡
相続放棄が本人の意思であることが確認されると「相続放棄申述受理証明書」が交付される

＊書式や添付書類は裁判所のホームページで確認できる

限定承認に注意！

限定承認：相続の承認ではあるが、「マイナスの財産（負債）はプラスの財産の範囲内で返済する」という留保をしたうえでの承認

つまり、引き継いだプラスの財産で債務を返済したあと、まだプラスの財産が残っていれば、それを相続する。マイナスの財産があることは確実だが、それがプラスの財産よりも多いのかどうか判断がつかないという場合には、限定承認を考える余地がある

しかし、限定承認は共同相続人全員一致して行う必要がある。しかも手続きはかなり複雑であり、税法上も不利益な部分があるため、実際には利用しない方が無難

相続

だれとだれが相続人?(法定相続人)

相続人はだれなのか?

相続人がだれなのかを検討しておくことは、遺言書があっても必要です。というのは、遺言書の内容によっては、相続人の協力が必要な事柄があるからです。また、遺言書にない遺産があった場合、その処理は遺産分割協議によるほかありません。

法定相続人の順位

相続人がだれなのかを決めるにあたり、民法には法定相続人の**「順位」**という決まりがあります。順位の先後によって相続人となるかならないかが決まります。

●**第1順位**

相続人となる第1順位の資格があるのは、被相続人の「子」です。実子も養子も立場に違いはなく、ともに同じ相続人です。子がすでに亡くなっていてその子(孫)があれば、その孫が第1順位の相続人です。第1順位の相続人があると、第2順位以下は相続人にはなりません。

●**第2順位**

第1順位の相続人がいない場合に相続人となる資格があるのは、被相続人の「親」です(第2順位)。親がすでに亡くなっていてその親(祖父母)があれば、その祖父母が第2順位の相続人です。第2順位の相続人があると、第3順位は相続人にはなりません。

●**第3順位**

第2順位の相続人がいない場

合に相続人となる資格があるのは、被相続人の「兄弟姉妹」です（第3順位）。兄弟姉妹がすでに亡くなっていてその子（甥・姪）があれば、その甥・姪が第3順位の相続人になります。

配偶者は常に相続人

被相続人の配偶者は常に相続人になります。つまり左図の順位によって相続人となった子や親、兄弟姉妹とならんで、常に相続人です。

法定相続人の順位

●相続人が配偶者と子

子（第1順位）がいれば配偶者と子が相続人

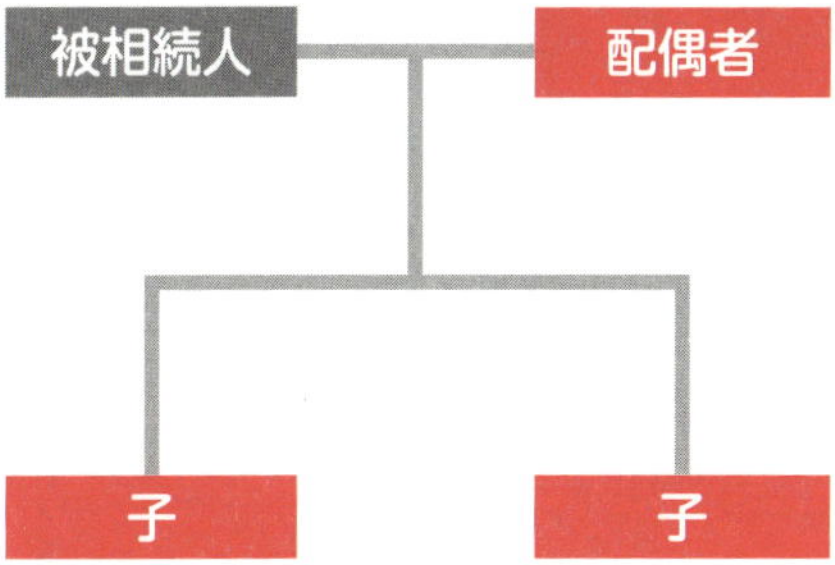

●相続人が配偶者と親

子（第1順位）がなければ親（第2順位）と配偶者が相続人

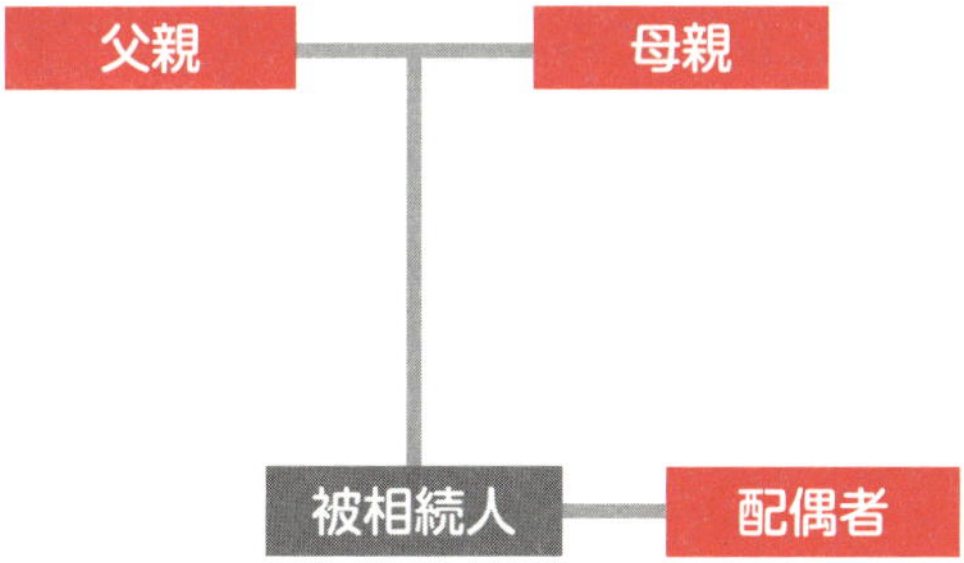

●相続人が配偶者と兄弟姉妹

親（第2順位）もなければ、兄弟姉妹（第3順位）と配偶者が相続人

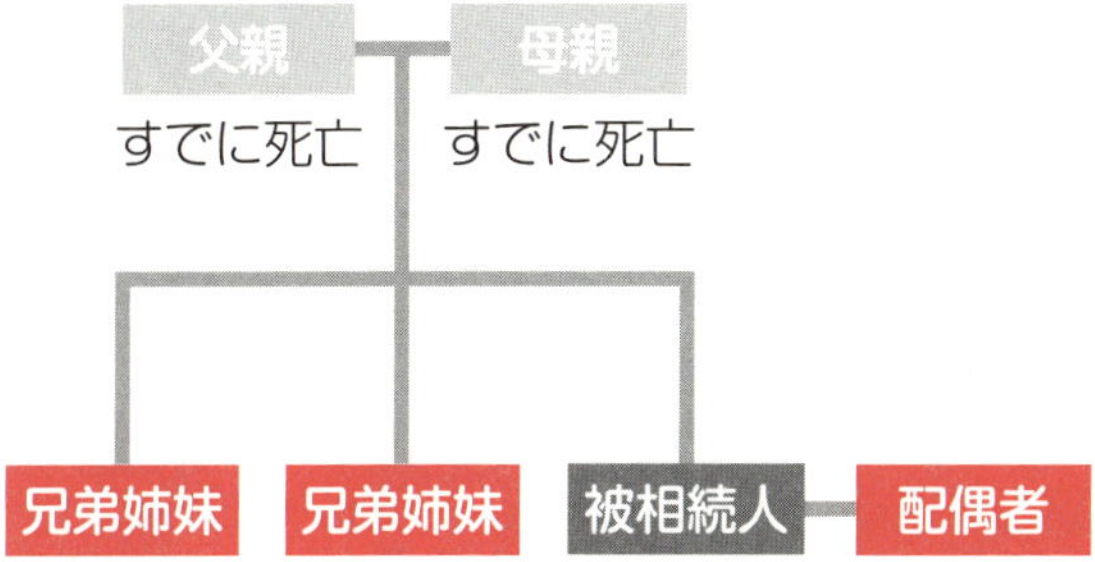

相続

どれだけの相続分がある？（法定相続分）

「法定相続」とはどういうものか？

相続人のうち、だれがどれだけの遺産を実際に相続するかは、相続人間の遺産分割協議によって決めればよいことです。決め方が自由であることはすでに触れました。とはいえ、それは話し合いが丸く収まった場合のことです。特定の遺産の取り合いがないともかぎりませんし、後述の特別受益や寄与分の主張が出てきて収拾がつかなくなるケースもあります。

このような場合、分割について導きの糸となるのが民法の「**法定相続分**」の定めです。民法は法定相続人がだれであるかによってそれぞれの相続分の大きさを定めています。

①配偶者だけが相続人

配偶者だけが相続人です。1人で100％を相続します。

②配偶者と第1順位の相続人

配偶者が2分の1、第1順位の相続人が2分の1です。

③配偶者と第2順位の相続人

配偶者が3分の2、第2順位の相続人が3分の1です。

④配偶者と第3順位の相続人

配偶者が4分の3、第3順位の相続人が4分の1です。

代襲相続というものがある

代襲相続とは、被相続人より先に子が亡くなったというケースで、亡くなった子に子（被相続人の孫）がいる場合、その孫が親に代わって相続するというものです。例えば子が2人いて、そのうちの1名がすでに亡くなり、その子（孫）が2名いるというケースでは、1名の子と2名の孫が第1順位の相続人です。この内、2名の孫は亡くなった自分の親の相続分を分け合います。したがって、配偶者が2分の1、子が4分の1、孫2名がそれぞれ8分の1となります。この計算のしかたは兄弟姉妹と甥・姪がともに相続人となる場合も同じです。

相続分：相続財産に対する相続人各自の分け前

●相続人が配偶者と子（第1順位）

配偶者：子（直系卑属）＝ 1/2 ： 1/2

子が複数の場合は、子の法定相続分1/2を、頭数で割る。養子も非嫡出子も同じ扱い

例：相続人が妻・息子・娘の場合

妻		息子		娘
1/2	：	1/4	：	1/4

●相続人が配偶者と親（第2順位）

配偶者：親（直系尊属）＝ 2/3 ： 1/3

直系尊属が複数いる場合は、直系尊属の法定相続分1/3を、頭数で割る

例：相続人が妻・父親・母親の場合

妻		父親		母親
2/3	：	1/6	：	1/6

●相続人が配偶者と兄弟姉妹（第3順位）

配偶者：兄弟姉妹＝ 3/4 ： 1/4

兄弟姉妹が複数いる場合は、兄弟姉妹の法定相続分1/4を、頭数で割る

例：相続人が妻・姉・弟の場合

妻		姉		弟
3/4	：	1/8	：	1/8

遺産をリストアップ

遺産リストを目の前において話し合う

遺産が目の前の土地と建物、そして預金口座が1つ、あとは家財道具のみであるなら、わざわざ遺産のリストを作る必要はないでしょう。

しかし、遺産にいろいろな財産が含まれていて、それらを複数の相続人にバランス良く配分しなければならないとなると、それぞれの相続人が頭の中で整理しやすいようにする配慮が必要です。遺産のリストを目の前に置いて話し合いができるようにすると好都合です。協議がまとまったあとには「**遺産分割協議書**」を作成する必要もありますから、そのためにも遺産のリストを作っておくのが便利です。

現況と金銭的な評価も書き添える

遺産のリストを作る場合には、可能なかぎり金銭的な評価を加えておいたほうがいいでしょう。話し合いにあたって、それぞれの法定相続分を念頭におきながら、だれが何をどれだけ相続するかを考えるめやすのために必要ですし、遺産の中にまとまった額の借金がある場合には、相続を放棄すべきか否かという判断のためにも必要だからです。

遺言の内容に不満をもつ相続人にとっては、その遺言が自分の遺留分を侵害していないかの判断のために、遺産の評価が必須です。

それと、その財産が今どのような状態にあるのかも書き添えておきましょう。遠く離れたところにある土地がだれに貸してあって月々どれだけの賃料収入があるのか、銀行の担保に入っているはずだが登記はどうなっているのかなど、必ずしも相続人みんなの共通認識になっていない場合がありますから。

目の前に置いて話し合いがしやすい遺産目録を工夫する

■土地

番号	所在	地番	地目	面積	現況	おおよその時価	備考欄
1	東京都世田谷区 ＊＊町＊＊丁目	○○○	宅地	220㎡	番号１の 建物有り	4000万円	建物１には 母が居住中
計						4000万円	

■建物

番号	所在	家屋番号	種類	構造	床面積	おおよその時価	備考欄
1	東京都世田谷区 ＊＊町＊＊丁目	○○○	居宅	木造瓦葺き 地上2階建て	170㎡	300万円	母が居住中 築25年
計						300万円	

■預貯金、売掛金

番号	銀行名、相手方	支店名	種類	口座番号	残高	備考欄
1	○○銀行	○支店	普通預金	1234567	224万1234円	
2	△△銀行	△支店	定期預金	9876543	1600万円	
計					1824万1234円	

＊預貯金も含めた遺産の全体を、遺産分割の話し合いの対象とするケースを想定している

話し合いによる遺産分割

遺産分割の協議が難航したとき

遺産分割の話し合いが難航したとき、問題解決の基準は先に説明した法定相続分（160ページ参照）に関する民法の定めです。こうした法定相続分の数字を念頭におきながら、そして遺産目録を目の前におきながら、それぞれの相続人がどの遺産をどのように相続するかを考えましょう。

しかし、法定相続分のとおりでは不公平に感じられる場合があります。

特別受益とは

「**特別受益**」とは、一部の相続人が他と比較して特に多めの財産の分配をすでに受けていた場合、相続分の計算の際にはその前渡し分を計算に入れて相続分を計算するというものです。「兄さんはマンションの頭金を出してもらっていたはず」といった主張を思い浮かべてください。

寄与分とは

特別受益とは逆に、相続人の一部に親の財産の形成や維持に貢献があった場合、相続分の計算の際にはその貢献分を計算に入れて相続分を計算するというものです。「勤めを辞めて7年間も一日中介護してきたのに」という主張を思い浮かべてください。

どのようなものがそれに該当するか

特別受益は家を建てたときの生前贈与が典型的なように、比較的目に見えやすいものです。証拠も残っている場合が多く、計算もしやすいでしょう。

ところが**「寄与」**となると外部からは気づかれないものが少なくありません。被相続人の家業に無償に近いかたちで従事したとか、他の相続人と大きく異なった扶養を尽くしたことにより遺産の形成・維持に貢献したとか。証拠によってその事実を逐一証明することが容易でないことは想像がつくと思います。どれだけの寄与があったのか、計算が難しい事柄であることは理解しておいてください。

特別受益の持ち戻し計算

特別受益のある相続人がいる場合、特別受益をいったん相続財産に加え(戻して)、それを相続分算定の基礎とする

「特別受益」となる財産

・遺贈　・婚姻、養子縁組のための贈与　・生計の資本としての贈与

特別受益の評価の時期

基本：貨幣価値の変動を考慮して、受益当時の価額を相続開始時点の価額に換算して計算する

計算方法

作業1：特別受益の額を算出する

作業2：持ち戻しによって「算定の基礎となる財産」を確定する
遺産が1億円で、1人だけ2000万円の特別受益を受けている者があれば、「算定の基礎となる財産」は、2000万円を1億円に戻した1億2000万円

作業3：これを基礎として各相続人の相続分を算定する
相続人が子4名であれば、1人当たり3000万円

作業4：特別受益を受けた人は、この「相続分」から、特別受益分を差し引く
3000万円－2000万円＝1000万円
これが特別受益を受けた人の実際の相続分となる

寄与分とは?

■寄与の態様の例

①家業従事型	被相続人の事業に対して、無報酬（に近い状態）で従事し、労務を提供して、相続財産の維持・増加に寄与
②財産給付型	被相続人に対して、財産上の給付（財産的な利益）をして相続財産を増加させ、または債務の返済等によって被相続人の財産の維持に寄与
③療養看護型	被相続人の療養看護に従事して、医療費の支出を回避することで、相続財産の維持に寄与
④扶養型	財産を提供して、被相続人の生活を支え、相続財産の維持に寄与
⑤財産管理型	被相続人の財産を管理して、相続財産の維持に寄与

寄与分が認められるために立証しなければならないこと

・寄与をした時期
・寄与の方法
・寄与の態様
・それが通常の扶養義務の範囲を超える「特別」の寄与だったこと
・その結果、どのようにして財産が維持され、増加されたのか（関連性）

寄与分がある場合の計算方法

作業1：寄与分の額を算出する

作業2：遺産の総額から寄与分を控除して相続財産（算出の基礎となる財産）を決定する

作業3：そこから、それぞれの相続分を算出する

作業4：寄与者に対しては、作業３で算出された相続分に寄与分を加算して、実際の相続分を算出する

遺産分割

保険金は原則として遺産分割とは別

被相続人が入っていた生命保険の扱いは?

　被相続人が生命保険に入っているケースでは、被相続人が保険契約者兼被保険者となり、保険金の受取人を相続人の１人にして加入していると思います。

　このようなケースでは、保険金は原則として遺産の内には入らず、保険金を受け取ったとしても遺産分けとは別と考えて結構です。例えば、遺産の総額が５０００万円として、受取人である妻が保険金５００万円を受け取ったものとします。妻は夫とともにずっと生活してきました。遺産総額に占める保険金の割合も１割にすぎません。妻が遺産の１割の保険金を受け取ったとしても、他の相続人との関係でさして不公平を生じないでしょう。ですから、被相続人からの特別受益として持ち戻し計算をする必要はありません。

不公平が甚だしかったら

　これに対し、保険金を受け取ることにより不公平が生じる場合があります。例えば遺産総額が１０００万円のところ、長男が保険金５０００万円を受け取るといったケースです。遺産分割によって妻や次男が受け取れる５００万円とか２５０万円と対比して、長男１人が妻や次男の10倍以上の額を被相続人の死亡によって取得するとなると、常識的に考え不公平です。このような場合、特別受益として持ち戻し計算をするのが妥当です。

遺産分割

遺産分割の方法は？

遺産分割にはいくつかの方法がある

すべての遺産を妻が相続するということで子どもたちがすぐに了解してくれるケースもあると思います。その場合には、遺産分割協議書は170ページで紹介する最も簡単な分割方法のサンプルを参考にしてください。分割らしい分割作業はありませんから、これで十分です。

反対に、子どもたちの間で意見の対立が持ち上がるケースもあると思います。寄与分や特別受益を厳密に算出しなければならないとなると、調停の申し立ては避けられません。もちろんそうする前に、寄与や受益を考慮にいれた遺産分割案を作り上げるのが賢明です。

複数の遺産を実際に「分割」するという場合、手法には次のようなものがあります。

①現物分割

文字通り遺産の現物をそれぞれの相続人に分ける方法です。自宅の土地と建物は妻が、隣の町にある更地は2分割して長男と長女が取得するといった分けかたです。実際の利用に即して遺産の現物を残せるメリットがあります。

②換価分割

遺産を売却してその代金を相続人間で分けるという方法です。配分額を微妙に調整できますから、公平性を確保することができます。

③代償分割

自宅の土地・建物を妻が取得し、隣の町にある更地を長男が取得し、長男はその代償として長女にお金を支払うという方法です。遺産の現物を希望する相続人がいる場合、他の相続人との公平をはかりながらその希望を実現することができます。

　このほか、遺産を共有にする共有分割という方法もないわけではないのですが、これは問題を先送りするだけですので、お勧めはできません。

分割の方法

現物分割

1)**土地①**と**土地②**はAが、**土地③**はBが、**預金**はCが取得するというように、遺産をそのままのかたちで分割する

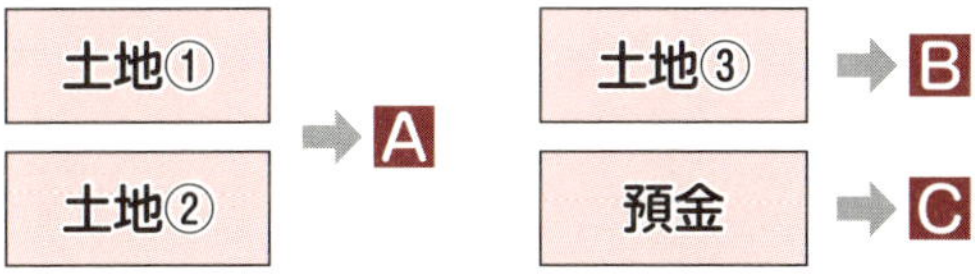

2)土地を３筆に分筆して、A B Cがそれぞれを取得する

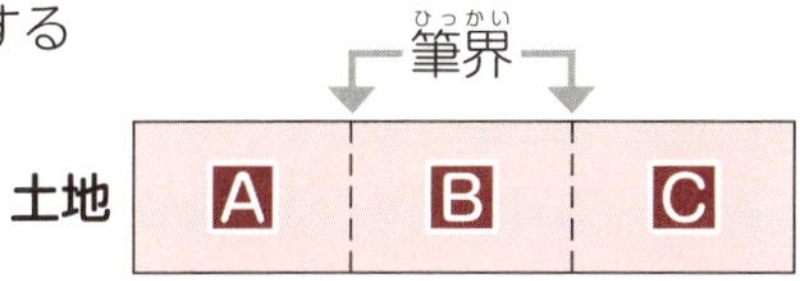

換価分割

土地①②③をすべて売却し、その代金を相続人間で分割する方法

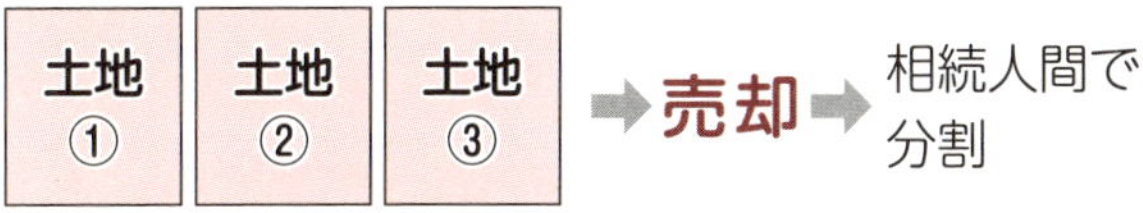

代償分割

土地と建物はAが1人で取得するが、その代わりにBとCには一定額を支払うという方法

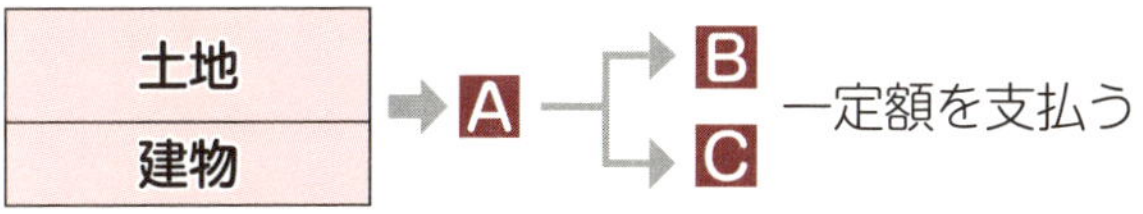

共有分割

　土地を相続人A B C３名の共有にしてしまう方法（問題を将来に先送りするだけ。お勧めできません）

遺産分割協議書の作成方法

「遺産分割協議書」作成の基本

意見交換を十分に行い、それらの遺産をだれが相続するかについて全員の合意ができたら、**「遺産分割協議書」**を作りましょう。合意の内容を明文で確認することにより後日の紛争を避けることができますし、例えば不動産や株式のように名義の書き換えが必要な遺産については、その手続きのために必要です。

作り方はとくに難しいものではありません。作っておいた遺産目録をもとに、だれが何を相続するのかを書き、実印を押して印鑑証明書を付ければできあがりです。サンプル文を紹介します。参考にしてください。

例1

遺産分割協議書

被相続人亡甲野太郎（平成○○年○月○日死亡）の遺産について、相続人において遺産分割の協議を行った結果、以下のとおり合意した。

1　すべての遺産を、妻甲野花子が取得する。

以上の合意を証するため、本協議書2通を作成し、相続人において各1通を所持する。

平成24年○○月○○日

相続人
住所　東京都○○区○○○3丁目15番地1
氏名　甲野花子　（実印）

相続人
住所　東京都○○市○○４丁目２番地の２
氏名　甲野次郎　（実印）

＊すべての遺産を妻が相続するという最も簡単なものです。遺産のなかに含まれている不動産についてもこの協議書で相続登記ができます。銀行預金については、銀行所定の用紙への記入が求められるケースもあります。

危篤・臨終
夫の葬儀
葬儀後の手続き
お墓と供養
遺産相続
相続税

遺産分割協議書の例

＊複数の遺産を現物分割する場合のものです。

例2

1　甲野花子は、次の土地・建物および預金を取得する。
①土地
－－－略－－－

②建物
－－－略－－－

③預金
あけぼの銀行　多摩支店　普通口座　1234567号
相続開始時の残高　678万2323円

2　甲野次郎は、次の預金および株式を取得する。
①預金
多摩市民銀行　多摩支店　普通口座　7654321号
相続開始時の残高　345万6767円
②株式
○○放送株式会社　普通株式　1000株

3　本協議書に記載のない遺産、後日判明した遺産は、すべて甲野花子が取得する。

＊代償分割のサンプルです。甲野次郎が隣町にある土地をすべて取得することの代償として、乙野京子にお金を支払うというものです。乙野京子にとってはもちろん一括払いに越したことはありませんが。

例3

1　甲野花子は、次の土地・建物を取得する。
－－－略－－－

2　甲野次郎は、次の土地を取得する。
①土地
所在　稲城市○○一丁
地番　○○番３
地目　宅地
地積　○○○．○○平方メートル

3　甲野次郎は第２項に定める土地を取得する代償として、乙野京子に対し、金○○○万円の支払い義務のあることを認め、これを次のとおり分割して支払う。
①平成24年10月31日限り　金○○○万円
②平成25年　1月31日限り　金○○○万円

話し合いがまとまらなかったら

遺産分割の話し合いが不調に終わったら

生前贈与の有無をめぐって大きな争いがある場合もあれば、寄与の程度に感情的な争いも加わって収拾がつかなくなることもあります。不動産の処分の意見がかみ合わないこともあるでしょう。

遺産分割協議がまとまらなければ、当事者だけで行う自力解決は無理ということになります。こうなると、問題の解決は家庭裁判所の関与を求めて行うほかありません。それが遺産分割調停や遺産分割審判と呼ばれる手続きです。

遺産分割調停

調停は、管轄の家庭裁判所を調べ、遺産分割の調停を申し立てることから始まります。

調停の基本は家庭裁判所の調停室で行う話し合いです。ただし、調停室で当事者（相続人）どうしが顔を突き合わせて議論を闘わせるなどということはしません。当事者は代わる代わる調停室に入り、2名の調停委員が当事者の話し合いを仲介します。

大まかな順序としては、①相続人はだれなのかを確定し、②分割すべき遺産はどれとどれなのかを確定し、③それぞれの金銭的な評価を確定し、④寄与分や特別受益があればそれを考慮に入れながら各自の相続分を確定し、⑤現在住まいとなっているかなど利用の現状も考えに入れながらそれをどう分けるのが最善かを導きます。

　客観的な第三者である調停委員が話し合いを仲介し、当事者双方の意見調整にあたりますから、難しかった歩み寄りが期待できます。

遺産分割審判

　いかに調停委員が努力しても、当事者の意見の折り合いがつかないことはあります。その場合は、法律の定めにより分割を実現してしまう審判にいたるほかありません。

遺産分割の調停・審判の流れ

調停の申立て

＊書式や添付書類は裁判所のホームページで確認できる

↓

指定された調停期日に出頭。調停委員により、実情の聴取（事案によって数回繰り返される）

＊手続きは非公開
＊申立人側と相手方側がかわるがわる調停室に呼ばれる
＊調停委員が関与した話し合いにより、合意がめざされる

↓

分割案に当事者が合意すれば、その合意が調停調書に記載され、調停成立。それにより分割を実行することになる

↓

調停が不成立の場合（合意に達しなかったとき）は、遺産分割審判の申立てがあったものとみなされる

↓

家事審判官による審判手続き

＊裁判所は証拠調べをしつつ、あらゆる事情を考慮して妥当な分割をする

↓

高等裁判所へ抗告

＊審判で出された結論に不満があるとき

行方不明・未成年・認知症等の問題

協議に参加できない相続人がいる場合

遺産分割協議は、相続人全員が参加して行う必要があります。4名の相続人の内1名を廃除して遺産分割協議書を作成したとしても意味をなしません。そこで問題は、協議に参加できない相続人がいる場合です。

行方不明の場合

「出て行ったきりで生死不明。帰ってくるかどうかわからない」というケースでは、家庭裁判所に不在者の財産管理人を選任してもらえます。この管理人を遺産分割協議に参加させて遺産分割をおこないます。

7年以上生死不明のケースでは、失踪宣告の利用が可能です。家庭裁判所に失踪宣告の申し立てを行い、宣告により死亡と同じ効果を得るものです。

未成年の場合

ある相続人、例えばお子さんがまだ高校生といったケースでは、その母親（＝被相続人の妻）が親権者ですから、母親がそのお子さんの法定代理人として遺産分割協議に参加できるはずと思われるかもしれません。しかし母親も相続人ですから、母と子は同じ相続人同士ということになって利害が対立します。このような場合には、家庭裁判所に特別代理人を選任してもらう必要があります。

この特別代理人を遺産分割協

議に参加させて遺産分割を行います。

認知症等の場合

ある相続人が認知症その他の精神的な問題があるケースでは、家庭裁判所に後見人を選任してもらう必要があります。この後見人を遺産分割協議に参加させて遺産分割を行います。

いずれの申し立ても複雑ですから、弁護士等に相談するのが良いでしょう。

遺産分割協議ができない場合

①行方不明

相続人が1人でも欠けると遺産分割協議ができない

対処方法1：不在者の財産管理人の選任

生きていることはわかっていても、あるいは生死不明でも、本来の住所からいなくなって所在不明になり、容易に帰ってくる見込みがない場合、家庭裁判所に不在者の財産管理人を選任してもらい、この管理人に遺産分割協議に参加してもらう

対処方法2：失踪宣告

不在になったケースのうち、7年以上の生死不明の場合、家庭裁判所から失踪宣告を得ることにより、死亡したものとして扱うことができる。これにより、その相続人はすでに死亡したものとして遺産分割を進めることができる

②未成年

未成年者が相続人で、その親権者も相続人の場合、親権者が未成年者を代理して遺産分割協議を進めることはできない

対処方法：特別代理人の選任

家庭裁判所にその子のために特別代理人を選任してもらい、この代理人に遺産分割協議に参加してもらう

③認知症等

相続人に認知症等により法律行為能力に欠ける人がいると、遺産分割協議ができない

対処方法：後見人の選任

家庭裁判所に認知症の人のために後見人を選任してもらい、この後見人に遺産分割協議に参加してもらう

遺産分割

思わぬ相続人が現れたら

予想もしない相続人が見つかることがある

相続手続きには相続人全員が記載されている戸籍（除籍）謄本の取り寄せが必要です。

そこでの記載から、予想もしなかった相続人が見つかることが、希《まれ》にですがあります。というのは、亡くなる前に市区町村を越えて本籍地を何度も変更していると、ずっと以前に離婚した元妻との間の子は現在の戸籍からは見えてきませんし、妻に黙って以前に婚外子を認知していたことも記載されていません。しかしこの子も相続人であることは間違いないのです。

遺産分割協議との関係

遺産分割協議がまとまる前であれば、相続人であるその人に早めに連絡をとることをお勧めします。事情を説明して遺産分割協議に参加してもらう必要があります。複雑な事情があるかもしれませんし、感情的な問題も生じかねませんので、弁護士に依頼するのが最善でしょう。

遺産分割協議書が作成済みだとしても、その相続人を取りこぼした遺産分割協議は無効です。したがって遺産分割協議をやり直さなければなりません。やはり弁護士に依頼するのが最善です。

認知訴訟が提起されるケースでは

夫が亡くなったあと、婚外子から認知を求める訴訟が起こされる場合があります。認知すべき夫本人はすでに亡くなっているため、訴訟は検察官を被告として起こされます。妻には検察庁から連絡があります。認知訴訟が子の勝訴で確定すると、その人は認知された子として相続人の地位に立ちます。

認知していない子の存在が夫の生前からわかっているケースであれば、認知の意向についてその人に連絡するかどうかを検討してください。

その子の存在が全く知られていなかったケースでは、突然の認知訴訟で驚かれると思います。しかし認知訴訟で勝訴することは相続人であることの証しです。

戸籍を取り寄せて、思わぬ相続人が発見されたら

①遺産分割協議成立の前

1人でも参加しない相続人がいると、遺産分割協議はできない。連絡をとって遺産分割協議への参加を求める

②遺産分割協議が成立した後、実際の遺産分けの前

1人でも欠けた遺産分割協議は無効。したがって、協議はやりなおし。連絡をとって遺産分割協議への参加を求める

③実際の遺産分けが終わってしまった後

遺産分割協議は無効で、それによる遺産分けも無効（不動産登記実務からは、戸籍上の相続人を1人でも欠く登記申請は受け付けられないので、不動産登記が終わってしまう事態はあまり考えられない）。分けられた金銭や動産は元に戻し、遺産分割協議をやり直す

＊実際の遺産分けが終わってしまった後に、訴訟で認知が確定した相続人が出現した場合

認知された相続人から遺産分割のやり直しを求められたなら、それに応じることになる。ただし、次の内容で行われる

1）遺産分割の結果を前提として権利を取得した第三者（例：相続財産である土地を買い受けた第三者）の権利はそのまま

2）認知された相続人は、相続分相当額のお金の支払いを受けることで精算

遺言があるときはどうするか？

「検認」という手続き

多くの場合、遺言書は封筒に入れられ封がしてあると思います。それが自筆で書かれた遺言書（自筆証書遺言）や秘密証書遺言の場合には、すぐに開封してはいけません。このような遺言書の場合には、家庭裁判所による「**検認**」という手続きが必要です。公正証書と違い、家庭裁判所で一種の証拠保全をしなければならないことになっているのです。

封筒は検認の手続きのなかで裁判官が開封します。

封筒に入っていない遺言書も検認手続きの必要性という点では同じです。

検認の申し立て

早めに申し立てをしてください。検認手続きの日取りが決められると、相続人などの関係者に裁判所から呼出状が届けられます。その期日に裁判所へ出向いた関係者の目の前で、裁判官が封筒から遺言書を取り出し、遺言書の状態のチェックを行います。

手続きが済んだあと、裁判所書記官が検認済みの証明をしてくれます。検認調書というものも作られますから、それも入手してください。これで遺言書の内容にしたがった相続手続きが実行できることになります。

遺言書が複数あったら

もしかしたら、遺言書が何通も見つかるかもしれません。自筆証書遺言が複数通あったら、すべてについて検認手続きを行ってください。

複数の遺言間の優劣

互いに矛盾する記載があるかもしれません。そのような場合には、最も新しい遺言が有効です。故人の最後の意思を尊重するという趣旨によります。公正証書・自筆証書・秘密証書間で優劣はありません。あくまで新しいほうが有効です。

検認手続きの流れ

公正証書遺言以外の遺言書の保管者または発見者は、相続開始を知ったあと遅滞なく、家庭裁判所に「検認」の申し立てをする

＊遺言書検認申立書に相続関係を示す戸籍謄本や相続人等目録を添えて申し立てる
＊書式や添付書類は裁判所のホームページから取得できる
＊申立て先は、被相続人の住所地を管轄する家庭裁判所

↓

家庭裁判所により検認期日が決定され、相続人に検認期日が通知される

＊遺言書の保管者は検認期日に遺言書を持って出頭する

↓

相続人または代理人立ち会いのもと、裁判官が遺言書を開封。家庭裁判所は遺言の偽造・変造・隠匿を防止するために遺言書の形式・状・署名・印影その他一切の事実を調査する

↓

検認調書の作成。遺言書原本に検認済証明書を添付して保管者に返還される

遺産分割協議書ができあがったら

遺産分割協議書ができあがったならば、それを用いて相続の手続きを実行することができます。協議書と印鑑証明の原本が手元にあると思いますので、それぞれの遺産に即した手続きを踏めば、あとは時間の問題で完了です。

遺言書がある場合には

遺言書があって、それが公正証書であればすぐに封を開けて遺産を分けることができます。それぞれの遺産に即した手続きに入ってください。自筆証書遺言の場合は検認の手続きをとってからであることは前に述べました。

遺言執行者の指定があるとき

遺言書の中に「**遺言執行者**」の指定があれば、その遺言執行者が相続に関する手続きを行います。名前のとおり遺言を「執行」する権限が与えられています。

遺言執行者の指定がないとき

遺言執行者の指定がなければ、遺言の内容に応じて、関係者が手続きに関わり合いながら相続手続きを行います。

例えば、相続人Aさんへ甲土地を相続させるという遺言の場合、Aさんは単独で相続登記の手続きができます。相続人でないBさんに乙土地を遺贈するという遺言の場合、遺言執行者がいなければ、Bさんは遺言書の原本だけでなく他の相続人の実印や印鑑証明をもらったうえで遺贈の登記を行うことになります。

これに対し、「**相続人廃除**」といったことがらが書かれている場合、制度上、これについては遺言執行者がいないと実現できません。にもかかわらず遺言執行者の指定がないなら、家庭裁判所に遺言執行者の選任をしてもらう必要があります。

遺言執行者について

遺言執行者が不可欠な遺言事項

①相続人の廃除及び廃除の取消し

②子の認知

特定の相続人から相続権を奪う「廃除」という遺言、被相続人の生前にあらかじめ廃除しておいた相続人の「廃除を取り消す」という遺言については、遺言執行者が必須です。事情があって生前には認知できなかった婚外子を遺言によって認知する場合も、遺言執行者は必須です。

遺言執行者を必ずしも必要としない遺言事項

上記以外のすべて。

したがって、不動産の相続登記、遺贈の登記、預貯金の解約・名義変更・引き下ろしの手続き、自動車や株式・電話加入権のような名義変更が必要なものの手続きも、相続人等の手によって行うことができます。ただし、遺言執行者がいれば、これらのことがらについても手続きを行うことができるのは遺言執行者だけになります。

遺言執行者の選任の手続き

遺言書に遺言執行者の指定があれば、その人が遺言執行者になりますが、就任するかどうか、早めに意思を確認するべきです。

遺言執行者が不可欠な遺言事項が書かれているのに遺言執行者の指定がない場合や、あってもその人が就任を拒んだ場合には、遺言執行者の選任が、ぜひとも必要になります。

また、必ずしも遺言執行者を必要としない遺言事項であったとしても、遺言執行者が選任されれば、その人が執行を行いますから、便利な面はあります。

遺言に納得できないとき1（遺留分減殺請求）

遺留分

遺言があればそれが最優先です。しかし、遺言によっても奪えない最低限の取り分があります。これが遺留分です。

例えば、すべての遺産を相続人である長男Aに相続させるという遺言の場合、妻の相続分はゼロになってしまい、遺留分が侵害されてしまいます。次男の立場に立っても同じことが言えます。

遺留分の大きさ

だれにどれだけの遺留分があるかは法律に定められています。

①親や祖父母だけが相続人の場合＝3分の1

②それ以外の場合＝2分の1

本書では妻が相続人ですから、②の場合に該当します。したがって、右にあげた例でいうと、妻と次男はそれぞれの法定相続分の2分の1を遺留分として自分のもとに戻させることができます。

なお、遺留分の侵害は遺言書によって起こされるとは限りません。亡くなる直前に大部分の財産をだれかに贈与してしまった場合などにも侵害は起こります。

1年以内に遺留分減殺請求をおこなう

遺留分を侵害されたとしても、その分を戻させるかどうかはその人の意思にまかされます。遺留分もとくに欲しくないのであれば、放置すればよいことです。

これに対し、「遺留分は相続したい」という人は自分の遺留分が侵害されていることを知った時から1年以内に、遺留分を侵害している相手方に対してその旨を請求する必要があります。これが遺留分減殺請求権の行使です。ケースによっては訴訟に至る場合もありますから、「遺留分減殺請求」は内容証明郵便で行うのが賢明です。請求後の進行も複雑ですから、請求する側も請求された側も、弁護士に相談することをお勧めします。

遺留分を持つ者とその割合

遺留分を持つ者(遺留分権者):**子(直系卑属)・親(直系尊属)・配偶者**

＊兄弟姉妹には遺留分はない

遺留分の割合は
- **直系尊属のみが相続人の場合:遺産の1/3**
- **その他の場合:遺産の1/2**

だれにどれだけ遺留分を請求できるか

遺言によって自分の遺留分が侵害されているとき、侵害している他の相続人に対して「侵害されている分を自分に戻せ!」と請求できる。これを遺留分減殺請求という

例えば… 相続人は妻、長男、長女の3人
相続財産の総額は3000万円
夫(被相続人)が遺言で全ての遺産を長男に相続させた

妻の遺留分

＝3000万円×1/2(遺留分の割合)×1/2(法定相続分)＝750万円

侵害された額＝750万円－0(遺言により相続した額)＝750万円

長女の遺留分

＝3000万円×1/2(遺留分の割合)×1/4(法定相続分)＝375万円

侵害された額＝375万円－0(遺言により相続した額)＝375万円

妻と長女は遺留分減殺請求権を行使することにより、妻は長男に対して750万円、長女は長男に対して375万円を請求することができる

遺言に納得できないとき2（不都合・書けなかったはず）

事情を十分に説明しましょう。

筆跡が違う？書けるはずがない？

希《まれ》にですが、遺言そのものの有効性が問題になる場合があります。「本人の筆跡と違う」とか「遺言書の日付のころにはすでにほとんど意識が無かった」といったケースです。

遺言そのものの有効無効が問われてしまうわけですから、話し合いで問題解決をはかることは困難なことが予想されます。根本的に

だれにとっても不都合なとき

遺言が書かれたときから長い時間が経過していると、書かれたとき以降の事情が反映されておらず、実際問題として不都合を生じる場合があります。平等に配分できるように考えられた遺言であったにもかかわらず、一部の遺産がその後消滅してしまったことからひどく不平等な結果になってしまっていたり、その時は相続人と考えられた人が先に亡くなっていて遺産配分のバランスが失われていることもあるかもしれません。

このような場合、相続人全員が遺言書の内容と異なる遺産分割に同意できるならば、遺言書と異なる遺産分割協議をまとめることもできます。つまり遺言書を無かったことにしてしまうわけです。

ただし遺言執行者が指定されている場合には、執行者の同意を得る必要があります。執行者が相続人の内の1人でない場合には、

白黒の決着を付けるということになると、問題解決は、まずは遺言無効の調停をおこない、そこで話し合いがまとまらなければ、法廷での遺言無効確認訴訟によることになります。

証拠を整えて訴訟にのぞむ必要がありますから、これも弁護士に相談するのが最善です。

納得できない遺言書

遺言書の内容がだれにとっても不都合

遺言が書かれてから長い時間が過ぎてしまい、
実情に合わなくなっている
（相続人の構成が変わった・遺産の内容が変化した・人を取り巻く事情が変化した・経営環境が変化した）

↓

相続人全員が同意すれば、遺言と異なった遺産分割協議を成立させることができる（つまりは、遺言の無視！）

遺言執行者がいる場合には、
遺言執行者の同意を得ること！

↓

遺言執行者がいると、
相続人は遺言執行を妨げる行為をすることができない
遺言と異なる遺産分けもできない
遺言執行者に事情を説明して同意を得る必要あり！

遺言書は本物なのか？
書いたときの精神状態に疑問があったとき

1）自筆証書遺言は自筆で書かれなければならない。他人が代筆したものは無効。他人が手をつかんで書かせたものも無効
2）遺言は遺言時に遺言能力がなければならない。精神状態が相当衰えていた状態で書かれた場合は、遺言能力に疑問が生じる

↓

遺言無効確認訴訟の可能性を探る。
無効を主張する側に立証責任があるので、
証拠集めが何よりも大切！

遺言に納得できないとき3（内容に問題あり）

どうしても遺言の内容に納得できない

遺言の内容が意に沿わないものであることは少なくありません。意に沿わないと言っても、相続人その他の関係者の話し合いによる微調整でおおむね納得できる程度のことであれば、さしたる問題ではありません。

あるいは、相当の遺産があっても、その内の一部を特定の団体に寄付（遺贈）するといった遺言が突然出てくると、事情を知らない一部の相続人は強い不満を抱くかもしれません。しかし、遺留分を侵害しているといった事情でもないかぎり、こういった遺贈を阻止することは一般的には無理と言えます。おそらく遺言執行者の指定があり、遺言書はこの執行者の手元に委ねられているかと思います。執行者は淡々と遺言を執行します。

有効か、無効か

ところが、数は多くはないものの、例えばある女性に相当額の金銭を遺贈するといった内容の遺言書が出てくることがあります。もちろんこのような遺言書を妻の手元に残すはずがなく、普通はその女性からの連絡で初めて知ることになります。

妻とはすでに一定期間別居状態にあり、むしろその女性と同居生活を継続していたという事例で、有効・無効の両方の裁判例があります。「遺言書で行う遺贈が愛人関係の維持を目的にしている」ようであれば、公序良俗に違反して無効の判断に近づきますし、「長年この男性に依拠して生活してきた女性の生活維持のためであり、他の相続人の生活を脅かすこともない」ようであれば有効という判断に近づきます。

かなりの期間におよぶ複雑な事情がからむと思われます。このような遺言の有効性を争うのであれば、問題は法廷での解決にならざるを得ません。早めに弁護士に相談するべきです。

遺言の内容に問題あり！

1)第三者（たとえば社会福祉法人等）にかなりの金額を遺贈していた

↓

遺留分を侵害するなどの事情のないかぎり、争うことは無理

2)ある女性にかなりの金額を遺贈していた

↓

・遺贈の遺言書を書いたときの事情が問題。不貞関係を維持するという目的で作られたのであるなら、公序良俗に反して無効の可能性がある

・書いたとき、不貞の維持という目的ではなく、自分の死後、長年被相続人に経済的に依存していた女性の今後の生活への配慮という目的であるなら、公序良俗違反とはならない可能性がある

よくあるこんなケースでの相続は？

遺産分けの後に遺産が出てきた

小さな遺産が新たに出てきたら

遺産分割が終わったと思って安心していたら、予想もしなかった新たな遺産が出てきて困ってしまう場合があります。遠い場所に土地を持っていてその土地に隣接した私道を見逃してしまうことが多いようです。

このような場合に備えて、遺産分割協議書に「上記以外の遺産が後日発見された場合、それらはすべて甲が相続する」と定めておくとか、遺言書に「これ以外のすべてを乙に相続させる」などと書いておくのが安全なのですが、そうは言っても、その土地本体を相続した人とは別の人が私道だけ相続するという結果になってしまっても困ります。

このような場合の対処の方法は原理原則以外になく、新たに発見された遺産を分割するための遺産分割協議を行うしかありません。私道が相続争いの対象になるほどの独立した財産的価値を持つことはあまり考えられないとはいえ、もしも話し合いがこじれたならば、調停・審判です。

遺産の調査は漏れがないように、くれぐれも慎重に行ってください。

大きな遺産が出てきたら

大きな遺産の場合はどうでし

ょう。
「そのような遺産があることを知っていたら、あんな遺産分割協議なんてしなかったわ」というケースです。このような不満が出るような不公平をもたらす遺産漏れが見つかった場合には、その遺産分割協議の錯誤により無効ですし、公平の観点から見ても無効です。したがって、遺産分割協議はやり直しということになります。

協議に応じない相続人があれば、調停を申し立てるほかなく、調停の中で無効の主張をすべきことになります。

婚姻届が出されていない男女の場合は？

相続では不利な「事実婚」

婚姻届が出されていない男女の配偶者としての相続権は存在しないというのが、裁判所の一貫した姿勢です。一方の死を「内縁の解消」として、財産分与請求権を行使して遺産をもらうことも、現在のところ困難です。

ただし、相続人がいない場合には「特別縁故者」として財産の一部または全部の分与を受けられる場合もあります。手続きとしては、相続財産管理人の選定を家庭裁判所に求めるところから開始し、財産分与の申し立てを行います。

相続に関してはきびしい「事実婚の関係」ですが、夫婦同然の生活実体があれば遺族年金受給権が認められるなど、婚姻夫婦と同じ扱いを受けられる場面もあります。

事実婚の関係

事実婚：婚姻の社会的実体はあるが婚姻届の出されていない男女の関係

●一方が死亡した場合、婚姻夫婦と同じ取扱いをされる場面

①社会保険	年金…第３号被保険者として認められる 健康保険…被扶養者として認められる
②遺族厚生年金	夫婦同然の生活実体があれば、受給権が認められる
③労災の受給権	労働者災害補償保険法16条の2に基づき、受給権が認められる
④労働基準法79条に基づく遺族補償	受給権が認められる

●借家に住んでいる場合の借家権

借家に住んでいる内縁夫婦の一方が死亡した場合、相続人がいなければ、内縁配偶者が借家人としての権利義務を承継できる。相続人がいる場合には、相続人が借家人の権利義務を承継するので内縁配偶者が相続することはできない。その代わり、裁判所は相続人が相続した借家権を内縁配偶者が援用することにより居住の権利を主張することを認めている

●夫の持ち家に住んでいた場合

事実婚夫婦が一方の持ち家で生活していた場合、家を所有する側が死亡した場合には、内縁配偶者に相続権がない以上、居住の権利を失う。ただし、相続人が内縁配偶者に対して明け渡し請求をすることが権利濫用に当たり許されないとされる場合には、事実上居住権は認められる結果となる

●夫婦共同で買った家に住んでいた場合

事実婚夫婦が共同で家屋を購入して生活していた場合は、「一方が死亡した後は、他方が家屋を単独・無償で使用する」という合意があったものと認められる可能性があり、その場合には内縁配偶者は従前とかわらず単独で使用する権利を相続人に対して主張できる。ただし、相続人は被相続人の共有持分権を相続するので、相続人からの共有物分割請求があった場合には、内縁配偶者はこれに応じなければならない可能性がある

第6章

相続税はどのように納めるか？

相続税

生前に行っておきたい相続税の節税

相続税の税制改正により生前の節税対策が重要に

平成27年1月1日より相続税の基礎控除が大幅に減額されました。定額控除額が5千万円だったのが3千万円になるなど相続による納税者の増加が見込まれています。ここで注目され始めたのが、生前贈与などによる節税対策です。

生前贈与なら容易に節税できる

相続税の減額には、相続財産を減らせばよいわけですが、その方法として比較的容易に用いられるのが生前贈与です。

結婚20年以上の夫婦であれば「贈与税の配偶者控除」が活用できます。これは、配偶者に居住用不動産または居住用不動産を取得するための資金を贈与する場合、最高2千万円を課税価格から控除できるという制度です。

そのほか配偶者に限らず、年間110万円までが控除される暦年課税や、20歳以上の子や孫に2500万円まで控除される相続時精算課税制度を用いた贈与などがあります。

節税対策は夫の生前に夫婦で話し合うことが大事

このほか、不動産の評価額を下げることで相続財産を減額する方法や、生命保険の非課税枠を利用して課税価格を引き下げる方法などもあります。

いずれも、夫の生前に夫婦で話し合うことが大切です。

相続税の主な節税対策

■生前贈与を行う

贈与税の配偶者控除	婚姻期間20年以上の配偶者に、居住用不動産またはその取得のための金額2,000万円までが控除される
暦年課税による贈与	だれに対しても、年に110万円までの贈与が控除される
相続時精算課税による贈与	60歳以上の父母・祖父母から20歳以上の子・孫への贈与が通算2,500万円までが控除される ※年齢は贈与の年の1月1日現在のもの
孫への生前贈与	1代飛び越して贈与することで、相続分が1回減る
教育資金の一括贈与	父母・祖父母などから30歳未満の子・孫などへ教育資金を一括贈与すると、1,500万円まで非課税になる（平成27年12月末までの時限措置）
住宅資金贈与の特例	父母・祖父母などから子・孫に住宅取得などのための資金を贈与し、翌年3月15日までに居住すると、資金の一定額について税額が控除される（平成31年6月30日までの時限措置）

■財産の評価額を下げる

貸家建付地の評価	宅地を貸す、賃貸用の集合住宅を建てるなど土地や家屋の評価額を下げる
小規模宅地等の評価減の特例	被相続人と同居していた宅地を相続する親族が、引き続きその宅地に居住する場合などは、宅地の評価額が最大80％減額される

■生命保険を活用する

非課税枠の利用	契約者と被保険者が被相続人で、受取人が法定相続人の場合、死亡保険金が法定相続人1人につき500万円まで非課税となる
保険金を相続財産にしない契約	被保険者が夫で、契約者と受取人が同一（妻や子）の場合、一時所得として所得税と住民税がかかるが、相続税はかからない

相続税

相続税申告の流れを知ろう

相続財産から相続税申告が必要かどうか調べる

税制改正により相続税の納税者が増加することは予想されますが、すべての相続人が該当するわけではありません。まずは、現状の相続財産をもとに相続税の申告が必要かどうかを調べましょう。

まず、夫の財産を洗い出し、その評価額の合計を求めます。そこから、非課税財産、債務、葬式費用を引いた金額が相続税のかかる課税価格となります。課税価格が基礎控除額より少なければ申告の必要はありません。

大幅に減額された基礎控除額

基礎控除額は、平成27年より定額控除額が5千万円から3千万円に、法定相続人1人について控除される額が1千万円から6百万円に引き下げられました。生前による贈与などの節税対策が注目され始めたのはこのためです。

申告が必要な場合は各相続人の税額を算出する

課税価格が基礎控除額を超える場合は、課税遺産総額から各相続人の相続税額を算出します。配偶者控除などの税額控除に該当する場合は、相続税額から差し引き、算出された額がプラスであれば、10カ月以内に相続税の申告・納付を行います。

現金で一括納付できない場合は、延納・物納制度を利用します。

相続税申告の流れ

①相続財産を洗い出し、評価額の合計を求める

↓

②相続税のかからない財産を差し引く（非課税財産、債務、葬式費用）

↓

③課税される財産の総額を求める（③＝①－②）

課税価格が基礎控除額より少ない場合

↓

申告の必要なし

課税価格が基礎控除額より多い場合

↓

④課税遺産総額から各相続人の相続税額を算出する

⑤税額控除が適用される場合は相続税額から差し引く

⑥控除後の相続税額がプラスなら10カ月以内に申告・納税する

↓

現金で一括納付できない場合は延納・物納制度を利用する

基礎控除額の求め方

基礎控除額 ＝ 定額控除額 3,000万円 ＋ 600万円 × 法定相続人数

相続税

まず相続税の対象になる財産を調べる

課税対象には3種類の財産がある

相続財産の中には、相続税がかかるものとかからないものがあります。

相続税の課税対象となるのは、次の3種類です。

①相続財産

被相続人である夫が死亡したときに所有していた財産で、土地・建物、株式、預貯金、骨董品、貴金属など、お金に換算できるすべての財産。

②みなし相続財産

夫が死亡したことで発生する財産で、死亡保険金、死亡退職金、生命保険契約の権利など。

③生前の贈与財産

夫が亡くなる3年以内に贈与された財産（相続開始前3年以内の贈与財産）や、相続時清算課税制度を利用して贈与された財産。ただし、贈与税の配偶者控除を受けている場合は、適用額が控除されます。

贈与された金額が基礎控除額の110万円以内であっても、3年以内の贈与であれば課税対象になります。

価格の評価は時価で行う

基本的に、相続財産の評価は相続開始日（被相続人が亡くなった日）の時価で算出しますが、生前に受けた贈与財産については贈与時の時価で評価します。

生前に受けた贈与財産が、その後値上がりしても、相続時の評価額は贈与時のままとなります。

相続税がかかる財産

①相続財産

土地・家屋（未登記も含む）、株式、預貯金・現金、骨董品、貴金属、車など

②みなし相続財産

死亡保険金、死亡退職金、功労金、弔慰金、生命保険契約の権利など

③生前の贈与財産

◆相続開始前3年以内の贈与財産

被相続人が亡くなる前3年間に受けた贈与財産は、すべて課税対象

◆相続時精算課税制度を利用して贈与された財産（192ページ参照）

相続税がかからない財産

墓地、墓石、仏壇、仏具、神を祭る道具　など

宗教、慈善、学術など公益事業用に使われる財産

国や地方公共団体などへの寄付金

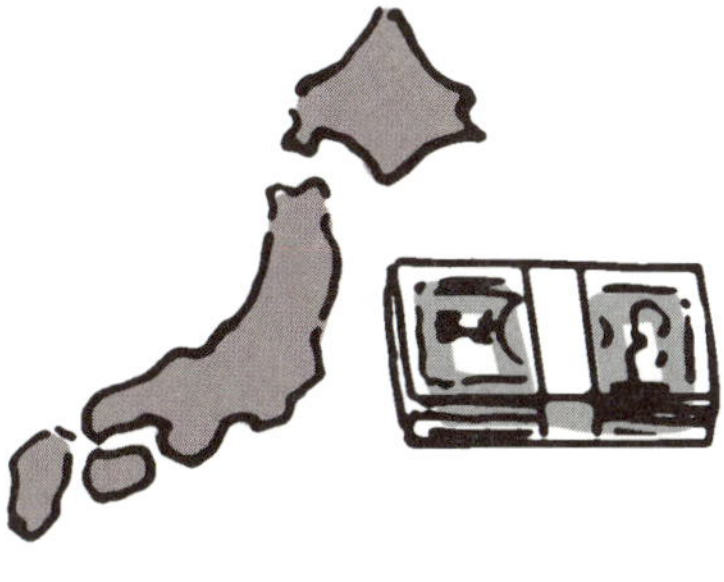

生命保険の死亡保険金、死亡退職金それぞれ

500万円×法定相続人の数＝非課税

相続税

不動産の評価のしかたを知ろう

土地の評価方法は路線価方式と倍率方式

土地の評価方法は2種類です。

①路線価方式

主に市街地にある土地の評価方法。その土地が面している道路に付けられた価額（路線価）をもとに算出します。

②倍率方式

主に郊外などの市街地以外の土地を評価する方法。一般的に、路線価が定められていない地域は、倍率方式で算出します。

評価方法は、土地の所在地によって、あらかじめ定められています。わからないときは税務署で確認しましょう。

家屋は自家用と貸家で評価方法が異なる

自用の家屋は、固定資産税評価額がそのまま評価額となります。固定資産税評価額は、所在地の市区町村役場で確認できます。

賃貸マンションやアパートなどの貸家は、自用家屋の評価額から借家権割合を控除した額に減額されます。

借りている土地や貸している土地の評価

建物を所有するために土地を借りている場合、借地権が発生し、相続財産として課税されます。

また、借地権のある土地を貸している場合や、自用の土地に自分で賃貸住宅を建てた場合など、それぞれ評価額の算出方法が異なります。

土地の評価額の求め方

■路線価方式

評価額 ＝ 路線価 × 土地の面積

■倍率方式

評価額 ＝ 固定資産税評価額 × 評価倍率

路線価および評価倍率は毎年見直しが行われ、国税庁のホームページや税務署にある「財産評価基準書」で確認できる

家屋の評価額の求め方

■自用家屋

評価額 ＝ 固定資産税評価額

■貸家

評価額 ＝ 固定資産税評価額 × （1－借家権割合×賃貸割合）

借家権割合：国税庁が定めており、全国一律30％（平成25年分）
賃貸割合：全室に対して課税時に貸していた部屋の割合

借りている土地や貸している土地の評価額の求め方

■借りている土地（借地権）

評価額 ＝ 自用地としての評価額 × 借地権割合

■貸している土地（貸宅地）

評価額 ＝ 自用地としての評価額 × （1－借地権割合）

■自用地に自分で賃貸住宅を建てた土地（貸家建付地）

評価額 ＝ 自用地としての評価額 × （1－借地権割合×借家権割合）

借地権割合：路線価の後ろに書かれているアルファベットで表示され、30～90％の幅がある

動産の評価のしかたを知ろう

株式は種類によって評価方法が決まっている

株式の評価方法は、株式の種類によって異なります。

●上場株式

短期的に急騰したり暴落したりすることがある株式は、公平をはかるために、次の3つのうち最も低い価額で評価します。

①夫が亡くなった月の毎日の終値の月平均値
②夫が亡くなった月の前月の毎日の終値の月平均値
③夫が亡くなった月の前々月の毎日の終値の月平均値

●気配相場のある株式

登録銘柄と店頭管理銘柄は、日本証券業協会が公表する課税時期（夫が亡くなった日）の取引価格で評価します。この場合も上場株式同様、課税時期の前3カ月間の各月の取引価格の平均額のうち最も低い価格で評価します。

公開途上にある株式は、その株式の公開価格で評価します。

●非上場株式

取引相場のない株式は、株主の区分や会社の規模、状態などによって評価方法が決められていますが、複雑なため専門家に相談したほうがよいでしょう。

一般動産は調達価額で評価する

家具、家電、自動車などの一般動産は、原則として評価する時点で同程度のものを買った場合の価格（調達価額）で評価します。

主な財産の評価方法

株式	上場株式、気配相場等のある株式、非上場株式によって評価方法が異なる
預貯金	**普通預金**：相続開始日の残高が評価額となる **定期預金**：相続開始日の残高＋解約した時点の利息（源泉徴収後）
公社債	**利付公社債**：発行価額＋前回の利子支払日の翌日から相続開始日までについた利子（源泉徴収後） **割引公社債**：発行価額＋相続開始日までについた利子（源泉徴収後）
一般動産 （家具、自動車など）	**調達価額がわかるもの**：調達価額 **調達価額が不明のもの**：新品小売価格－償却費相当額 （１個または１組の価格が５万円以下のものについては、「家財道具一式○万円」と一括できる）
骨董品・書画など	これまでの売買例や鑑定士など専門家の評価額から価額を算定する
貴金属	金やプラチナは課税時期の取引価格で評価する。とくに高価なものは鑑定を行う
ゴルフ会員権	**取引相場のあるもの**：取引価格×70％＋取引価格に含まれない預託金など **取引相場のないもの**：預託金の価額（預託金形式）または株式としての評価額（株式形態）
生命保険契約に 関する権利	相続開始時においてまだ発生していない保険事故の生命保険に関する権利の価額は、解約返戻金の額で評価

控除の対象となるものはどういうもの?

相続財産から控除される債務と葬式費用

相続財産から控除されるものには、借入金や夫が亡くなった年の所得税などの債務や、葬式費用などがあります。

葬式費用となるのは、葬儀社への支払いや、タクシー代などの交通費、通夜や葬儀にかかる寺への支払い、戒名や謝礼などです。香典返しや、初七日、四十九日の法要にかかった費用などは控除の対象外です。

納税の必要がなくても申告を要するケース

遺産総額からこれらの控除額を差し引いた課税遺産総額が、基礎控除額より少ない場合は納税の必要はありませんが、次に該当する場合は申告が必要です。

①小規模宅地の特例を受ける場合
②公益法人などに寄付した場合
③相続税の配偶者控除を受ける場合　など

相続税額からの税額控除は差し引く順番がある

各相続人の相続税額から控除されるものには7種類あり、該当する控除額を差し引く順番も決まっています。

最後に控除されるのが「相続時精算課税制度に係る贈与税額控除」で、この時点で納税額がマイナスになったときは、その金額が還付されます。ただし、ほかの控除でマイナスになっても還付金はありません。

相続財産から控除されるもの

債務	・金融機関などからの借入金や各種ローン ・敷金や保険金などの預かり金 ・未払いの治療費や入院費 ・夫に課税される税金で未納のもの、また、死亡時に未確定だった税金で相続人などが納めることになったもの（所得税、住民税、固定資産税、自動車税など）　など
葬式費用	・葬儀社への支払い　・タクシー代などの交通費 ・通夜や葬儀にかかる寺への支払い　・戒名や謝礼など

相続税額から控除される順番

①贈与税額控除
相続開始前３年以内の贈与財産を受けたものが課税価格に加算された場合、その贈与財産にかかる贈与税が控除される

②配偶者の税額軽減
配偶者が相続した財産のうち、1億6千万円と法定相続分相当額のどちらか多い金額までが非課税

③未成年控除
相続人が未成年の場合に控除される
控除額＝10万円（平成26年末までは6万円）×（20歳－その相続人の年齢）

④障害者控除
相続人が障害者の場合に控除される
一般障害者：控除額＝10万円（平成26年末までは6万円）×（85歳－その相続人の年齢）
特別障害者：控除額＝20万円（平成26年末までは12万円）×（85歳－その相続人の年齢）

⑤相次相続控除
10年間に2回以上の相続があった場合、相続税の一定額が控除される

⑥外国税額控除
外国にある財産を相続し、すでにその国の相続税に該当する税金を納付した場合は、その額が免除される

➡マイナスになったら納税額はゼロ

⑦相続時精算課税制度に係る贈与税額控除
相続時精算課税制度を適用していた場合、贈与税額が控除される

➡マイナス分は還付される

相続税の申告と納税のしかた

期限内に申告しないと相続税が税務署に決められる

相続税の申告は、夫の死亡を知った翌日から10カ月以内に行います。

期限内に申告を行わないと、税務署が独自に行った調査によって相続税が決定されます。さらに無申告加算税の対象となり、その税額に対して5～15%の税金が加算されることになります。

申告をする税務署は、故人の最終住所地の管轄税務署です。管轄税務署が遠隔地にある場合は、郵送での申告も可能です。

申告が不要な場合でも、税務署から申告書が送られてくることがありますが、その際は、財産額が基礎控除額以内に収まることを明記した文書を税務署に送付します。

申告書に添付する書類は多数ある

申告の際には、相続財産の評価に必要な書類や、被相続人と相続人の身分関係を明らかにする書類を、申告書に添付する必要があります。

これらをすべて揃えるのに時間がかかるため、相続が開始されたら早急に準備しましょう。

相続税の納付期限は申告期限と同じ

相続税の納付期限は申告の期限と同じで、相続人それぞれが申告に基づいて個別に行います。

納付先は、税務署のほか、最寄りの銀行や郵便局などからでも納められます。

相続税申告のおおまかなスケジュール

7日以内	①葬儀費用の領収書の整理・保管 ②遺言状の有無の確認 ③相続人の確定 ④財産と債務のリストアップ
3カ月以内	・相続を放棄する場合などは家庭裁判所に申出
4カ月以内	・準確定申告（故人の所得税を申告）
10カ月以内	①相続財産の評価 ②遺産分割協議書の作成 ③各相続人の納税額を決定 ④申告が必要な場合は、税務署へ申告・納付

申告書に添付する書類の一例

財産	土地・建物	固定資産税評価額証明書、不動産登記簿謄本、路線価図
	有価証券	銘柄別一覧表、売買報告書、残高証明書、証書
	預貯金	預貯金通帳、残高証明書、預金証書
	生命保険金	保険証書、保険会社の支払い明細書・保険金通知書
	退職金	退職金の支払調書
	美術品・骨董品	作品名・作者名の資料
	ゴルフ会員権	預託金証書
	贈与財産	贈与税申告書の控え
債務	借入金、未払金	借入金残高証明書、請求書、領収書
控除	寄付金	寄付行為の証明書、公益法人である証明書
	葬式費用	葬式費用出納帳、領収書
	障害者	障害者手帳
	相次相続	前回の相続税の申告書
	公租公課	課税通知書、納付書、準確定申告の控え
身分関係	遺言の有無	遺言書のコピー
	遺産分割協議	遺産分割協議書のコピー、法定相続人全員の印鑑証明
	相続人	戸籍謄本、住民票、略歴書
	被相続人	戸籍・除籍謄本、住民票の除票、略歴書、親族関係図

相続税を納められない場合は

延納の申請のための条件

相続税は現金での一括納付が原則です。しかし、相続した財産が不動産などがほとんどで現金化するのに時間がかかる場合などは、税額を分割して納めることができます（延納）。

延納するには、次のすべての条件を満たす必要があります。

①納税額が10万円を超える
②金銭での一括納付が困難
③延納税額相当の担保を提供する（延納税額50万円以下で、かつ延納期間が3年以下の場合は不要）
④申請期限までに延納申請書を提出する

担保になるのは、有価証券、土地、建物、立木《りゅうぼく》、自動車などです。

また、延納期間中は毎回の延納税額に対して利子税が加算されます。

物納の申請のための条件

延納しても相続税を納めるのが難しい場合、現金の代わりに有価証券や不動産などで税金を納めることができます（物納）。

物納するには、次の条件をすべて満たす必要があります。

①延納によっても納付が困難
②物納申請財産が相続によるものであり、日本国内にある
③申請期限までに物納申請書を提出する

また要件を満たせば、物納の許可後でも、物納の撤回や延納への切替えが可能です。

延納できる期間と利子税の割合

区分		延納期間（最長）	利子税（年利）
課税相続財産に占める不動産等の価格の割合			
75%以上	不動産等に対応する税額	20年	3.6%
	動産等に対応する税額	10年	5.4%
50%以上75%未満	不動産等に対応する税額	15年	3.6%
	動産等に対応する税額	10年	5.4%
50%未満	立木に対応する税額	5年	4.8%
	立木以外の財産に対応する税額		6.0%

※超低金利に対応した「延納特例基準割合」が加算適用される場合もある

物納できる財産とその優先順位

■物納できるのは２つの条件を満たした財産
①相続もしくは贈与によって取得した財産
②日本国内に存在する財産

■物納できる財産には優先順位がある
第１順位　国債、地方債、不動産、船舶
第２順位　社債、株式、証券投資信託または貸付信託の受益証券
第３順位　動産

物納できない財産の一例

- **担保権がついている財産**
- **係争中の財産**
- **売却できる見込のない財産**
- **共有財産**
  （共有者全員がすべての持分を物納する場合は可）
- **定款に譲渡制限のある株式**　など

■著者
黒澤計男（くろさわ　かずお）
弁護士　キーストーン法律事務所、第二東京弁護士会所属、一般市民事件を数多く担当。著書『遺言を書かずに死ぬと大変なことになる!!』（自由国民社）、共著『シニアライフ大百科』『親の葬儀とその後事典』『相続・遺言・葬儀・墓 準備の事典』（法研）、『図解よくわかる離婚の進め方と手続き』（ナツメ社）など

溝口博敬（みぞぐち　ひろよし）
特定社会保険労務士、ファイナンシャルプランナー、平成15年溝口社会保険労務士事務所を開業、共著「週刊文春増刊・わかる年金」（文芸春秋）、共著『シニアライフ大百科』『親の葬儀とその後事典』（法研）など

■監修協力／大坪義文（おおつぼ　よしぶみ）　一級葬祭ディレクター

編集協力／耕事務所　執筆協力／稲川和子・野口久美子
カバーデザイン／岡崎健二　本文デザイン／石川妙子　イラスト／小林裕美子

夫の葬儀とその後《あと》事典

平成26年10月20日　第1刷発行
平成27年２月19日　第2刷発行

著　　者　黒澤計男　溝口博敬
発 行 者　東島俊一
発 行 所　株式会社 **法研**
東京都中央区銀座1-10-1（〒104-8104）
販売03（3562）7671／編集03（3562）7674
http://www.sociohealth.co.jp
印刷・製本　研友社印刷株式会社

0123

SOCIO HEALTH

小社は㈱法研を核に「SOCIO HEALTH GROUP」を構成し、相互のネットワークにより、“社会保障及び健康に関する情報の社会的価値創造”を事業領域としています。その一環としての小社の出版事業にご注目ください。

ISBN978-4-86513-077-5　定価はカバーに表示してあります。
乱丁本・落丁本は小社出版事業課あてにお送りください。
送料小社負担にてお取り替えいたします。